아침의 노래 저녁의 시

나희덕 엮음

삼인

아침의 노래 저녁의 시

2008년 7월 15일 초판 1쇄 펴냄
2009년 11월 23일 초판 3쇄 펴냄

펴낸곳 (주)도서출판 삼인

엮은이 나희덕
펴낸이 신길순
부사장 홍승권
책임편집 김종진
편집 강주한 오주훈 양경화
마케팅 이춘호 한광영
관리 심석택
총무 서장현

등록 1996. 9. 16. 제10-1338호
주소 121-837 서울시 마포구 서교동 339-4 가나빌딩 4층
전화 (02) 322-1845
팩스 (02) 322-1846
전자우편 saminbooks@naver.com
홈페이지 www.saminbooks.com

표지그림 Mark Rothko, Untitled 1968 ⓒ Kate Rothko Prizel and Christopher Rothko / SACK, Seoul, 2008
ⓒ Photo Scala, Florence - GNC media, Seoul, 2008

디자인 (주)끄레어소시에이츠
제판 문형사
인쇄 대정인쇄
제책 성문제책

ISBN 978-89-91097-82-7 03810

값 9,800원

아침의 노래 저녁의 시

머리말

아침의 노래가 날숨이라면
저녁의 시는 들숨입니다.
아침의 노래가 썰물이라면
저녁의 시는 밀물입니다.
아침의 노래가 문을 여는 손이라면
저녁의 시는 문을 닫는 손입니다.
아침의 노래가 거미줄에 맺힌 이슬이라면
저녁의 시는 지평선에 걸린 노을입니다.
아침의 노래가 날아오르는 새들이라면
저녁의 시는 내려앉는 나비들입니다.
아침의 노래가 무릎을 일으켜 세워준다면
저녁의 시는 등을 가만히 쓰다듬어줍니다.
아침의 노래가 세계의 개진이라면
저녁의 시는 대지의 은폐입니다.

Foreword

그러나 아침의 노래는 어느새 저녁의 시로 번져 있고
저녁의 시는 아침의 노래에 스며들어 있습니다.
수많은 아침과 저녁을 지나왔지만
아직도 아침과 저녁 사이 그의 얼굴을 알지 못합니다.

2008년 7월 나희덕

머리말 _4

01 아침의 노래

세수 이선영 _12

느낌 이성복 _14

石榴나무 곁을 지날 때는 장석남 _16

아침의 장관 이시영 _18

어떻게 기억해냈을까 김기택 _20

직박구리 고진하 _22

헤게모니 정현종 _24

폭풍 속으로 1 황인숙 _26

뱀에게 스치다니! 고재종 _28

후박나무 잎새 하나가 이경림 _30

내 시는 詩의 그림자뿐이네 최하림 _32

저곳 박형준 _34

서울역 그 식당 함민복 _36

식사법 김경미 _38

消化 차창룡 _40

사랑은 야채 같은 것 성미정 _42

한 아름의 실감 유흥준 _44

의자 이정록 _46

햇살의 분별력 안도현 _48

3분 동안 최정례 _50

자작나무 김백겸 _52

영혼의 눈 허형만 _54

바다 2 채호기 _56

쨍한 사랑노래 황동규 _58

돌과 시 강인한 _60

들리는 소리 원재길 _62

어머니의 그륵 정일근 _64

끈 김광규 _66

태백산행 정희성 _68

빗자루의 등신 그림자 최동호 _70

몸詩 · 52 정진규 _72

누리장나무 잎사귀에는 낯선 길이 있다 송수권 _74

몸의 신비, 혹은 사랑 최승호 _76

인디오의 감자 윤재철 _78

식탁이 밥을 차린다 김승희 _80

21세기 임명장 최영철 _82

눈물 머금은 神이 우리를 바라보신다 이진명 _84

문명 고운기 _86

잃어버린 열쇠 장옥관 _88

겨울 – 나무로부터 봄 – 나무에로 황지우 _90

02 저녁의 시

지평선 김혜순 _94

우리들의 저녁식사 허수경 _96

창틀의 도마뱀 꼬리 장철문 _98

화살 고형렬 _100

화염 경배 이면우 _102

쉬 문인수 _104

평상이 있는 국숫집 문태준 _106

풍경의 깊이 김사인 _108

그가 내 얼굴을 만지네 송재학 _110

벌써 사랑이 한영옥 _112

장대비 조용미 _114

문고리 조은 _116

성냥 김남조 _118

장미의 날 양애경 _120

밥이 쓰다 정끝별 _122

진흙탕에 찍힌 바퀴 자국 이윤학 _124

담쟁이꽃 마종기 _126

가구 도종환 _128

등 김선우 _130

율포의 기억 문정희 _132

沈香 박라연 _134

기억은 끈끈이 주걱 한명희 _136

봄밤 1 김명인   _138

늪 이하석   _140

무화과 이은봉   _142

송곳눈 조정권   _144

조공례 할머니의 찢긴 윗입술 곽재구   _146

노을 시편 천양희   _148

당나귀 조창환   _150

歲寒圖 이홍섭   _152

떠도는 자의 노래 신경림   _154

고향 장대송   _156

불 홍윤숙   _158

위대한 식사 이재무   _160

이 소 받아라 김용택   _162

감꽃 김준태   _164

마음의 오지 이문재   _166

내 그림자에게 정호승   _168

저쪽 강은교   _170

啐啄 김지하   _172

수록 시 출처   _174

01

아침의 노래

세수

이선영

어제의 나를 깨끗이 씻어낸다
오늘의 얼굴에 묻은 어제의 눈곱 어제의 잠
어젯밤 어둠 어젯밤 이부자리 속의
어지러웠던 꿈 어제가 혈기를 거둬간
얼굴의 창백함
을
힘있지는 않지만 느리지는 않은 내 손길로 문질러버린다
늘 같아 보이지만 늘 새것인 물이 얼굴에 흠뻑!

얼마나 다행스러운가,
오늘엔 오늘 아침 갓 씻어낸 물방울 숭숭 맺힌 나의 얼굴이 있고
그러나 왠지 가슴 한구석이 서늘하지 않은가,
어제는 잔주름만 남겨놓았고
오늘 다시 시작해야 한다는 것

매일 아침 한 대야의 물이 우리 삶을 얼마나 새롭게 만들어 주는지! 그러고 보면 물의 정화력淨化力에 대한 믿음은 상당히 오래되었다. 신선한 물에 헹구어낸 시선으로 또다시 주어진 하루를 바라본다. 그것은 마치 하루살이가 어제의 죽음을 벗고 또 다른 하루살이로 부활하는 의식과도 같다. 그런데 어찌된 일인가. 어제의 나는 씻겨 내려간 게 아니라 얼굴 속으로 더 깊이 파고든 게 아닌가.

느낌

이성복

느낌은 어떻게 오는가
꽃나무에 처음 꽃이 필 때
느낌은 그렇게 오는가
꽃나무에 처음 꽃이 질 때
느낌은 그렇게 지는가

종이 위의 물방울이
한참을 마르지 않다가
물방울 사라진 자리에
얼룩이 지고 비틀려
지워지지 않는 흔적이 있다

당신에게 '처음'이라는 말은 어떤 냄새, 빛깔, 소리, 감촉을 돌려주는가. 처음 꽃이 필 때 꽃나무는 제 몸을 뚫고 붉게 터지는 것이 무엇인지 알지 못했을 것이다. 또한 처음 꽃이 질 때 거기에 무엇이 남아 있는지 알지 못했을 것이다. 그렇지 않고서야 그 충일한 두려움에 사로잡힐 수 있었을까. '느낌'은 그렇게 온다. 와서 그 영토 밖으로 한 걸음도 나가고 싶지 않게 만든다. 비록 얼마 지나지 않아 물방울의 마른 얼룩만이 희미하게 남을지라도.

石榴나무 곁을 지날 때는

장석남

  지난 봄에는 石榴나무나 한 그루
  심어 기르자고, 봄을 이겼다
  내년이나 보리라 한 꽃이 문득 잎사귀 사이를 스며나오고는 해서
  그 앞에 함부로 앉기 미안하였다
  꽃 아래는 모두 낭자한 빛으로 흘러 어디 담아둘 수 없는 것이 아깝기도 했음을,
  그 욕심이, 내 숨결에도 지장을 좀 주었을 듯

  그중 다섯이 열매가 되었는데,
  열매는 내 드나드는 쪽으로 가시 달린 가지들을 조금씩 휘어 내리는 게 아닌가
  그래 어느 날부터인가 석류나무 곁을 지날 때는
  옷깃을 여미지 않으면 안 되게 되었는데
  오늘 아침에는 그중 하나가 깨어진 채 매달려 있는 것이었다

  ……안팎을 다해서 저렇게 깨어진 뒤라야 완성이라는 것이, 위안인, 아침이었다
  그 곁을 지나며 옷깃을 여미는 자세였다는 사실은 다행한 일이었으니
  스스로 깨어지는 거룩을 생각해보는 아침이었다

주홍빛 석류꽃들이 피어나고, 어느덧 후두둑 지고, 그 낭자한 그늘이 장마에 쓸려가고……, 잊힌 그 자리에 문득 매달려 있는 석류 몇 개. 우리가 부르튼 손발로 새끼들을 낳아 기르듯, 저 나무도 애지중지 남몰래 익혀온 게 있었구나. 꽃에서 열매로 가는 길이 순리처럼 보이지만 실은 깨어지고 부서지면서 하나의 '거룩'에 도달하는 일이라고 석류의 입술은 말한다. 석류나무 곁을 지나며 나도 모르게 옷깃을 여미었던 까닭도 그래서일 것이다. 이제 '거룩'이라는 말은 높고 흠 없는 존재들보다 저 나지막한 존재들에게 바쳐져야 하리라.

아침의 장관

이시영

  벵골만에 아침이 오면 수천의 벵골인들이 반월형의 바다를 향해 엉덩이를 까고 실례하고 있는 모습을 기차여행중인 어느 외국인 카메라가 잡고 말았는데, 그러거나 말거나 인도양에서 밀려온 시원한 파도가 막 일을 끝낸 그들의 아랫도리를 깨끗이 닦아주고 있는 모습은 바다에서 갓 솟구쳐오르는 아침해와 더불어 장관이었다.

밤새 기차를 타고 바라나시로 가던 아침, 이 비슷한 장관을 본 적 있다. 남녀노소 할 것 없이 철로가에 쭈그리고 앉아 일을 보던 사람들이 내게는 다양한 포즈의 명상가들처럼 보였다. 바다도, 둥성이도, 떠오르는 해도, 그들의 엉덩이도 반월형이었다. 자연의 일부가 되어 순환의 한 고리를 완성하고 있는 그들에게 직선의 철로를 달리는 외국인 따위야 무슨 대수랴. 들킨 건 오히려 나였다.

어떻게 기억해냈을까

김기택

방금 딴 사과가 가득한 상자를 들고
사과들이 데굴데굴 굴러나오는 커다란 웃음을 웃으며

그녀는 서류 뭉치를 나르고 있었다
어떻게 기억해냈을까 고층 빌딩 사무실 안에서
저 푸르면서도 발그레한 웃음의 빛깔을

어떻게 기억해냈을까 그 많은 사과들을
사과 속에 핏줄처럼 뻗어 있는 하늘과 물과 바람을
스스로 넘치고 무거워져서 떨어지는 웃음을

어떻게 기억해냈을까 사과를 나르던 발걸음을
발걸음에서 튀어오르는 공기를
공기에서 터져나오는 햇빛을
햇빛 과즙, 햇빛 향기를

어떻게 기억해냈을까 지금 디딘 고층 빌딩이 땅이라는 것을
뿌리처럼 발바닥이 숨 쉬어온 흙이라는 것을
흙을 공기처럼 밀어올린 풀이라는 것을

나 몰래 엿보았네 외로운 추수꾼의 웃음을
그녀의 내부에서 오랜 세월 홀로 자라다가

노래처럼 저절로 익어 흘러나온 웃음을

책상들 사이에서 안 보는 척 보았네
외로운 추수꾼의 걸음을
출렁거리며 하늘거리며 홀로 가는 걸음을
걷지 않아도 저절로 나아가는 걸음을

○ **외로운 추수꾼** 윌리엄 워즈워스의 시 「The Solitary Reaper」에서 인용.

인류가 보낸 야생의 시간에 비하면 문명의 시간은 거대한 지층 위에 덮인 콘크리트 정도의 두께밖에 되지 않을 것이다. 그래서 이따금 그 콘크리트를 뚫고 야생의 기억이 불현듯 푸른 싹을 내밀거나 둥근 사과처럼 데굴데굴 굴러나올 때가 있다. 고층빌딩 사무실 안에서 서류 뭉치를 나르고 있는 그녀의 걸음과 웃음, 이 경쾌한 추수꾼이 지나가는 자리마다 온통 환해진다.

직박구리

고진하

어떤 시인이
꽃과 나무들을 가꾸며 노니는 농원엘 갔었지요.

때마침,
천지를 환하게 물들이는 살구나무 꽃가지에
덩치 큰 직박구리 한 마리가 앉아
꽃 속의 꿀을 쪽쪽 빨아먹고 있었지요.

곁에 있던 누군가 그걸 바라보다가,
꽃가지를 짓누르며 꿀을 빨아먹는 새가 잔인해 보인다며
훠어이 훠어이 쫓아버렸어요.

아니, 그렇다면
꿀이 흐르는 꽃가지에 앉은 생이
꿀을 빨아먹지 않고 무얼 먹으란 말입니까.

한 생물학자의 말을 빌리면, 꽃이란 다름 아닌 식물의 성기로서 그 속에 흐르는 꿀로 '날아다니는 음경'을 부른다. 그 자연스럽고 은밀한 만남을 잔인하다고 쫓아버리는 생물은 사람밖에 없을 것이다. 직박구리여, 네가 없이는 이 꽃이 다른 꽃에게 갈 수 없으니, 부디 맛있게 먹고 멀리 날아가다오. 내 안의 동물성이 직박구리에게 인사한다. 내 안의 식물성이 살구나무에게 인사한다.

헤게모니

정현종

헤게모니는 꽃이
잡아야 하는 거 아니에요?
헤게모니는 저 바람과 햇빛이
흐르는 물이
잡아야 하는 거 아니에요?
(너무 속상해하지 말아요
내가 지금 말하고 있지 않아요?
우리가 저 초라한 헤게모니 病을 얘기할 때
당신이 헤체모니를 잡지, 그러지 않았어요?
순간 터진 폭소, 나의 폭소 기억하시죠?)
그런데 잡으면 잡히나요?
잡으면 무슨 먹을 알이 있나요?
헤게모니는 무엇보다도
우리들의 편한 숨결이 잡아야 하는 거 아니에요?
무엇보다도 숨을 좀 편히 쉬어야 하는 거 아니에요?
검은 피, 초라한 영혼들이여
무엇보다도 헤게모니는
저 덧없음이 잡아야 되는 거 아니에요?
우리들의 저 찬란한 덧없음이 잡아야 하는 거 아니에요?

세상은 무언가를 거머쥐려는 손들에 의해 평화를 잃은 지 오래다. 어딜 가나 헤게모니 타령 때문에 편한 숨을 쉬기도 어려워졌다. 그런 세상을 향해 시인은 천연덕스럽게 웃으며 말한다. 헤게모니는 저 꽃과 바람이, 흐르는 물이 잡아야 하는 거 아니냐고. 덧없음이야말로 가장 빛나는 권력임을 겸허하게 비어 있는 저 손들은 알고 있다.

폭풍 속으로 1

황인숙

나뭇잎들이, 나뭇가지들이 파르르르 떨며
숨을 들이켠다
색색거리며 할딱거리며, 툭, 금방 끊어질 듯
팽팽히 당겨져, 부풀어, 터질 듯이
파르르르 떨며 흡! 흡!
하늘과 땅의 광막한 사이가
모세관처럼 좁다는 듯 흡! 흡!
흡! 흡! 흡! 거대한, 흡!

이 시는 눈으로 읽기보다는 단숨에 들이마시는 게 좋겠다. 흡! 흡! 흡! 마치 나부끼는 나뭇잎처럼 숨 막히는 바람 속으로 온몸을 던져보라. 바람은 모든 존재들의 혈관을 부풀게 하고 팽팽하게 잡아당긴다. 그 순간 닳아가던 삶의 배터리가 일시에 충전되는 것을 느낄 수 있을 것이다. 바람에 온전히 몸을 맡기는 것, 그만한 영혼의 강장제가 어디 있으랴. 영혼을 뜻하는 '프시케psyche'도 '바람 불다' '숨 쉬다'라는 동사 '프시케인psychein'에서 만들어진 말이 아닌가. 흡!

뱀에게 스치다니!
― 오솔길의 명상 6

고재종

반바지 차림의 산행길,
풀밭에 다리 쭉 뻗고 쉬는데
지게 작대기만 한 뱀 한 마리가 스르륵
종아리를 스쳐 넘는 게 아닌가

이런 이런, 뱀에게 스치다니,
뱀에게 스치다니!

하늘과 땅이 딱 붙어버린
뱀에게서 깨어난 순간
그 시리고 축축한 감촉이 으스스히
온몸을 휘어 감더니

눈앞엔 웬걸 개불알꽃들이
하늘과 땅이 딱 붙어버린 그 순간에
멍빛으로 납작해져선
꽃방석을 깔고 있는 게 아닌가

뱀에게 스치다니,
아직도 시리고 축축한 뱀의 세상이
날 그렇게 통과하다니!

그 순간 내 영혼까지 까마득해 버린 건
뱀의 길이에 새겨진
태초 이래의 긴 시간에 들렸던 탓인가

그러기에 꽃방석 위엔
나비 떼도 새삼 준동하던 것인가

100볼트의 전류가 흐르던 몸에 갑자기 몇 천 볼트의 전류가 흘러들 때, 그 엄청난 감전의 순간을 우리는 '들림'이라고 부른다. 뱀이 스치는 순간 시인의 몸에는 저 까마득한 대지의 세계가 섬광처럼 빛난다. 종아리를 스치는 축축한 기운이 이렇게 온몸을 뒤흔든 걸 보면, 감각 중에서도 촉각이 가장 힘이 센 듯하다. 낮은 풀들이 소름처럼 꽃을 피운 것도, 나비 떼가 날아든 것도 그 자력 때문이리라.

후박나무 잎새 하나가

이경림

후박나무 잎새 하나가 내 사랑이네
저 후박나무 그림자가 내 사랑이네
그 흔들림 너머 딱딱한 담벼락이 내 사랑이네
온갖 사유의 빛깔은 잎사귀 같아
빛나면서 어둑한 세계 안에 있네

바람은 가볍게 한 생의 책장을 넘기지만
가이없어라 저 읽히지 않는 이파리들
그 난해한 이파리가 내 사랑이네
사이사이 어둠을 끼우고 아주 잠깐
거기 있는 나무가 내 사랑이네

흔들리거나 흔들리지 않는 저 후박나무!
넙적한 이파리가 내 사랑이네
그 넙적한 그림자가 내 사랑이네

학생들에게 주변의 나무를 하나하나 세어보고 느낌을 적어 오라고 했다. 수십 종의 잎사귀를 붙이거나 수백 그루가 넘는 나무들의 통계를 내오기도 했다. 단 한 명만이 나무를 차마 셀 수 없는 자신에 대해 적었다. 그럼에도 불구하고 수없이 찾아갔던 한 그루 나무에 대해, 끝내 해독할 수 없었던 그 이파리와 그림자에 대해 썼다. 마침내 그 나무가 자신이기도 하다는 것을 받아들일 수 있었다고.

내 시는 詩의 그림자뿐이네

최하림

詩와 밤새 그짓을 하고
지쳐서 허적허적 걸어나가는
새벽이 마냥 없는 나라로 가서
생각해보자 생각해보자
무슨 힘이 잉잉거리는 벌떼처럼
아침 꽃들을 찬란하게 하고
무엇이 꽃의 문을 활짝 열어젖히는지
어째서 얼굴 붉은 길을 걸어
말도 아니고 풍경도 아니고
말도 지나고 풍경도 지나서
어떤 나무 아래 서 있는지

오래 응시할 때보다 오히려 바쁘게 일하다가 얼핏 돌아보는 풍경이 살아 있는 시를 낳을 때가 있다. 벌떼가 잉잉거리듯, 아침 꽃들이 피어나듯, 저도 모르게 문을 열어젖히는 시. 김수영의 표현을 빌자면, 서랍을 닫을 때 딸깍, 하고 소리를 내는 시. 또는 일을 하면서 보는 풍경인 동시에 풍경 속에서 일을 하는 시. 말도 풍경도 아닌, 그저 나무 한 그루가 되어 서 있는 시!

저곳

박형준

空中이란 말
참 좋지요
중심이 비어서
새들이
꽉 찬
저곳

그대와
그 안에서
방을 들이고
아이를 낳고
냄새를 피웠으면

空中이라는
말

뼛속이 비어서
하늘 끝까지
날아가는
새떼

새는 날개를 가졌기 때문에 날 수 있는 게 아니다. 날고자 하는 욕구가, 뼛속을 비워내려는 의지가 새로 하여금 텅 빈 허공을 불러일으키게 한다. 하지만 새가 지닌 휘발성의 날개에 비하면 우리 몸이 피우는 냄새와 움직임은 얼마나 물질적인가. 지상의 밧줄에 우리는 얼마나 자주 걸려 넘어지는가. 그래서 시인은 '저곳'에, 아니 '공중'이라는 말 속에 살림을 차리고 싶어한다.

서울역 그 식당

함민복

그리움이 나를 끌고 식당으로 들어갑니다
그대가 일하는 전부를 보려고 구석에 앉았을 때
어디론가 떠나가는 기적소리 들려오고
내가 들어온 것도 모르는 채 푸른 호수 끌어
정수기에 물 담는 데 열중인 그대
그대 그림자가 지나간 땅마저 사랑한다고
술 취한 고백을 하던 그날 밤처럼
그냥 웃으면서 밥을 놓고 분주히 뒤돌아서는 그대
아침, 뒤주에서 쌀 한 바가지 퍼 나오시던
어머니처럼 아름답다는 생각을 하며
나는 마치 밥 먹으러 온 사람처럼 밥을 먹습니다
나는 마치 밥 먹으러 온 사람처럼 밥을 먹고 나옵니다

밥은 때로 얼마나 유용한 핑계인지 모른다. 차마 말로 표현할 수 없는 그리움을 '그저 밥이 먹고 싶어서'라며 둘러댈 수 있으니 말이다. 그대 앞에서 아무렇지도 않은 듯 밥을 떠 넣으며 무수한 말들을 함께 삼킬 수도 있으니. 그러나 가난과 기침과 사랑은 숨길 수 없다는 말도 있듯이, 마치 밥 먹으러 온 사람처럼 밥을 먹고 나와도 그녀는 알고 있으리. 그의 등에 어떤 사랑의 말이 적혀 있는지를.

식사법

김경미

콩나물처럼 끝까지 익힌 마음일 것
쌀알빛 고요 한 톨도 흘리지 말 것
인내 속 아무 설탕의 경지 없어도 묵묵히 다 먹을 것
고통, 식빵처럼 가장자리 떼어버리지 말 것
성실의 딱 한 가지 반찬만일 것

새삼 괜한 짓을 하는 건 아닌지
제명에나 못 죽는 건 아닌지
두려움과 후회의 돌들이 우두둑 깨물리곤 해도
그깟것 마저 다 낭비해버리고픈 멸치똥 같은 날들이어도
야채처럼 유순한 눈빛을 보다 많이 섭취할 것
생의 규칙적인 좌절에도 생선처럼 미끈하게 빠져나와
한 벌의 수저처럼 몸과 마음을 가지런히 할 것

한 모금 식후 물처럼 또 한 번의 삶,을
잘 넘길 것

흘리지 마라, 남기지 마라, 꼭꼭 씹어 먹어라……. 밥상머리에서 얼마나 자주 들어온 말인가. 그러나 어느 순간 둘러보니 그런 잔소리해줄 사람이 없다. 하루 또는 일생을 패대기친다 해도 뺨을 때려줄 손이 없다. 아, 인생을 체하지 않고 잘 넘기려면, 이렇게 자신을 달래며 꾸짖으며 뒤늦게 식사법을 가르쳐야 하나.

消化

차창룡

차내 입구가 몹시 혼잡하오니
다음 손님을 위해서 조금씩
안으로 들어가주시기 바랍니다

승객 여러분
봄 여름 가을
입구에서 서성대고 계시는
승객 여러분
입구가 몹시 혼잡하오니 조금씩
안으로 들어가주시기 바랍니다

갈 봄 여름 없이
가을이 옵니다
다음 손님을 위해서 조금씩
겨울로 들어가주시기 바랍니다

다음 정류장은 봄입니다

아침마다 우리는 어디론가 실려 간다. 꾸륵거리는 뱃속의 밥알들처럼. 좀더 안으로 들어가라고, 그래야 한 명이라도 더 태울 수 있다고, 운전기사는 소리친다. 그래야 봄이라는 정류장에 내릴 수 있다고. 만원버스 속에서 이리 밀리고 저리 밟히는 동안 갈 봄 여름 없이 가을이 오고, 겨울이 멀지 않았다. 그런데 문득 내리려고 보니 어느새 소화가 다 되어버렸다.

사랑은 야채 같은 것

성미정

그녀는 그렇게 생각했다
씨앗을 품고 공들여 보살피면
언젠가 싹이 돋는 사랑은 야채 같은 것

그래서 그녀는 그도 야채를 먹길 원했다
식탁 가득 야채를 차렸다
그러나 그는 언제나 오이만 먹었다

그래 사랑은 야채 중에서도 오이 같은 것
그녀는 그렇게 생각했다

그는 야채뿐인 식탁에 불만을 가졌다
그녀는 할 수 없이 고기를 올렸다

그래 사랑은 오이 같기도 고기 같기도 한 것
그녀는 그렇게 생각했다

그녀의 식탁엔 점점 많은 종류의 음식이 올라왔고
그는 그 모든 걸 맛있게 먹었다

결국 그녀는 그렇게 생각했다
그래 사랑은 그가 먹는 모든 것

모든 정의定義의 역사는 오류의 역사이기 마련이다. 사랑에 대한 정의를 내리는 일도 마찬가지다. 이 시에서처럼 사랑의 정의를 끝없이 바꾸어가는 과정 자체가 사랑인지도 모른다. '나'의 정의가 마침내 '너'의 현실에 닿을 때까지 사랑은 나와 너를 바꾸어간다. 사랑은 고귀한 채식주의자가 아니라 잡식성의 식욕으로 우리를 삼킨다.

한 아름의 실감

유홍준

빨래를 널고 있는 아내의 등 뒤로
살금살금 다가가
안고 싶다, 안아보고 싶다
실감, 한 아름의 실감이여
(허공은 백번 안아보아도 허공!)
가늘고 날씬한 여자는 싫다
아름에 꽉 차는 오동포동한 여자가 좋다
마흔셋, 드디어 나도 실감을 느끼는 나이 실감을
좋아하는 나이가 되었다 (너무 조숙한가?)
넘치지도 모자라지도 않는
한 아름, 한 아름의
실감이여
흐뭇하다 안아줄수록 좋아하는 실감이
지금 나와 함께 살고 있다
아름답다 실감이 입었던 옷을
하얗게 빨아 너는 아내여

미당이 "마흔 다섯은 귀신이 와 서는 것이 보이는 나이"라고 노래했다면, 유홍준은 "마흔 셋, 드디어 나도 실감을 느끼는 나이 실감을 좋아하는 나이"라고 말한다. 이상주의자였거나 관념을 쫓아다니던 사람도 중년에 접어들면 어느 정도 리얼리스트가 되기 마련이다. 사랑하는 사람을 뒤에서 안을 때 품을 가득 채우는 한 아름의 실감이란 젊은 날에는 잘 알기 어려운 것이다. 실감에 반응하는 또 하나의 실감, 그 한 아름의 우주!

의자

이정록

병원에 갈 채비를 하며
어머니께서
한 소식 던지신다

허리가 아프니까
세상이 다 의자로 보여야
꽃도 열매도, 그게 다
의자에 앉아 있는 것이여

주말엔
아버지 산소 좀 다녀와라
그래도 큰애 네가
아버지한테는 좋은 의자 아녔냐

이따가 침 맞고 와서는
참외밭에 지푸라기도 깔고
호박에 똬리도 받쳐야겠다
그것들도 식군데 의자를 내줘야지

싸우지 말고 살아라
결혼하고 애 낳고 사는 게 별거냐
그늘 좋고 풍경 좋은 데다가

의자 몇 개 내놓는 거여

'식구'라는 말, 참 가깝고도 까마득하다. 그 말에 대해 시인의 어머니가 한 소식 전하신다. 식구란 그저 허리 아프고 다리 아플 때 기대앉을 수 있는 의자 몇 개 같은 거라고. 밥상에 둘러앉은 식구들만이 아니라 저 피어나는 꽃과 열매도 다 우리의 피붙이들이라고. 나는 누군가에게 얼마나 쓸 만한 의자였나. 다른 존재의 무게를 온전히 감당한 적이 있었던가. 삐걱거리는 다리를 새삼 만져보며 스스로에게 묻는다.

햇살의 분별력

안도현

감나무 잎에 내리는 햇살은 감나무 잎사귀만하고요
조릿대 잎에 내리는 햇살은 조릿대 잎사귀만하고요

장닭 볏을 만지는 햇살은 장닭 볏만큼 붉고요
염소 수염을 만지는 햇살은 염소 수염만큼 희고요

여치 날개에 닿으면 햇살은 차르륵 소리를 내고요
잉어 꼬리에 닿으면 햇살은 첨버덩 소리를 내고요

거름더미에 뒹구는 햇살은 거름 냄새가 나고요
오줌통에 빠진 햇살은 오줌 냄새가 나고요

겨울에 햇살은 건들건들 놀다 가고요
여름에 햇살은 쌔빠지게 일하다 가고요

둥근 그릇에 담기면 둥글어지고 각진 그릇에 담기면 각진 모양이 되는 물처럼, 햇살 또한 두루 공평하고 만물을 이롭게 하는 미덕을 지녔다. 모든 존재들은 햇살을 받는 그릇이다. 꼭 제가 받을 수 있는 만큼만 받고, 제 빛깔과 소리와 냄새만큼만 받는다. 그리고 그날그날의 '만나'처럼 꼭 하루분의 햇살만 받아야 한다. 짧은 겨울 햇살이든 기나긴 여름 햇살이든 일용할 양식이기는 마찬가지.

3분 동안

최정례

3분 동안 못할 일이 뭐야
기습 결혼을 하고
아이를 낳을 수 있지
다리가 끊어지고
백화점이 무너지고
한 나라를 이룰 수도 있지

그런데
이봐
먼지 낀 베란다에 널린
양말들, 바지와 잠바들
접힌 채 말라가는
수치와 망각들
뭐하는 거야

저것 봐
날아가는 돌
겨드랑이에서
재빨리 펼쳐드는 날개를

저 날개 접히기 전에
어서 결혼을 하고

아이를 낳아야지

도장을 찍고
악수를 청하고
한 나라를 이루어야지

비행기가 떨어지고
강물이 갇히기 전에
식탁 위에 모래가 켜로 앉기 전에
찬장 밑에 잠든 바퀴벌레도 깨워야지
서둘러 겨드랑이에
새파란 날개를 달아야지

시간은 러시아인형과도 같다. 하나의 시간을 열고 들어가면 여러 겹의 시간이 그 속에 들어 있다. 그 시간의 틈새에서 일어나는 비상과 추락으로 어떤 '3분'은 아주 길다. 돌연 일상의 유리창을 깨뜨리며 날아온 돌멩이는 이렇게 말한다. 며칠째 널려 있는 양말들이여, 이 진부하고 눅눅한 일상을 뚫고 날아올라라. 네 속의 숨은 날개를 펼쳐들어라, 어서 3분이 지나기 전에.

자작나무

김백겸

숲 속 자작나무 한 그루가 서 있었다

흰 눈이 내리고 햇빛이 찬란하게 비친 동지가 지난 어느 날
자작나무는 성스러운 세계목이 되었다
구름 위의 하늘과 대지의 지하를 오르내리는 샤먼의 경배에 의해
온 우주의 소리와 빛을 보고 듣는 천수관음이 되었다

숲 속에 자작나무는 전에는 그냥 평범한 나무였다

봄이 오면 새 잎을 피우고
가을이 오면 흰 가지로써 바람에 온 몸을 내 맡기는
뿌리에 온 몸의 생명을 내려보내 부활의 시간을 기다리는
목숨의 명령에 복종하는 노예였다

숲 속에 자작나무는 어느 날 불멸의 환상을 품게 되었다

보이지 않는 세계의 질서를 믿기 시작했고
흰 몸과 푸른 잎들은 신의 마음으로 타고 있는 불길임을 자각했다
흰 몸과 푸른 잎들이 불사조처럼 날아가
빛과 하나가 되는 존재임을 믿기 시작했다

숲 속에 자작나무는 그 때부터 마음에 빛을 내기 시작했고
신의 모습을 본 모세처럼
숲의 운명을 나무들에게 빛의 침묵으로 말하기 시작했다

평범과 비범이 나뉘는 기준은 불멸에 대한 믿음에 있다고 이 시는 말한다. 보이지 않는 세계를 볼 수 있는 눈, 그것은 꿈이나 상상력의 다른 이름이다. 한 알의 누에씨가 만 배로 자라 익은누에가 되고 마침내 나비가 되는 과정에도 네 번의 꿈과 탈피가 필요하다. 세상에서 가장 왜소한 존재는 더 이상 꿈꾸지 않는 사람이다.

영혼의 눈

허형만

    이태리 맹인가수의 노래를 듣는다. 눈먼 가수는 소리로 느티나무 속잎 틔우는 봄비를 보고 미세하게 가라앉는 꽃그늘도 본다. 바람 가는 길을 느리게 따라가거나 푸른 별들이 쉬어가는 샘가에서 생의 긴 그림자를 내려놓기도 한다. 그의 소리는 우주의 흙 냄새와 물 냄새를 뿜어낸다. 은방울꽃 하얀 종을 울린다. 붉은점모시나비 기린초 꿀을 빨게 한다. 금강소나무 껍질을 더욱 붉게 한다. 아찔하다. 영혼의 눈으로 밝음을 이기는 힘! 저 반짝이는 눈망울 앞에 소리 앞에 나는 도저히 눈을 뜰 수가 없다.

이탈리아의 맹인 성악가 안드레아 보첼리는 자서전에서 이렇게 말했다. "시력을 완전히 잃었을 때 두려움과 절망의 눈물을 모두 쏟아버리는 데 필요한 시간은 꼭 한 시간이었다"고. 눈물을 비워낸 그 자리에 영혼을 담을 수 있게 된 안드레아 보첼리. 그의 노래를 들으며 자꾸만 눈을 감게 되는 것도 그 영혼의 섬세한 빛을 따라가 보고 싶어서였을까.

바다 2

채호기

바다에 와서야
바다가 나를 보고 있음을 알았다.

하늘을 향해 열린 그
거대한 눈에 내 눈을 맞췄다.

눈을 보면 그
속을 알 수 있다고 했는데
바다는 읽을 수 없는
푸른 책이었다.

쉼 없이 일렁이는
바다의 가슴에 엎드려
숨을 맞췄다.

바다를 떠나고 나서야
눈이
바다를 향해 열린 창임을 알았다.

바다를 보며 아름답다고 느끼는 것은 우리의 눈이 그것을 '풍경'으로 발견했기 때문이다. 일상에 찌든 마음을 산이나 바다의 가슴에 대고 수혈 받을 기회마저 없다면, 어떻게 무미건조한 나날을 견딜 수 있겠는가. 무한으로 열린 야생의 공간에서 울려나오는 음악, 그 잊었던 파동을 되찾는 며칠의 휴가. 돌아오는 길에는 두 눈동자에 출렁거리는 바다도 담아 오리라.

쨍한 사랑노래

황동규

게처럼 꽉 물고 놓지 않으려는 마음을
게 발처럼 뚝뚝 끊어버리고
마음 없이 살고 싶다.
조용히, 방금 스쳐간 구름보다도 조용히,
마음 비우고가 아니라
그냥 마음 없이 살고 싶다.
저물녘, 마음속 흐르던 강물들 서로 얽혀
온 길 갈 길 잃고 헤맬 때
어떤 강물은 가슴 답답해 둔치에 기어올랐다가
할 수 없이 흘러내린다.
그 흘러내린 자리를
마음 사라진 자리로 삼고 싶다.
내림 줄 처진 시간 본 적이 있는가?

먼 강가에 혼자 하염없이 앉아 있으면 이런 마음자리가 보일까. 그러나 삶은 한나절의 적요寂寥도 쉽게 허락하지 않는다. 세상이 우리를 게처럼 꽉 물고 놓아주지 않는 것인지, 우리 마음이 너무 많은 것을 움켜쥐고 있는 것인지 알 수 없지만. 봄날이 다 가기 전에 마음을 방생하러 강가에나 가야겠다. 마음을 비우겠다는 마음조차 없이.

돌과 시

강인한

햇빛이 부서져서 그물눈으로
일렁거리는 물 속
고운 빛깔로 눈 깜박이는 돌빛
건져올리면
마르면서 마르면서
버짐꽃이 피고

내가 쓰는 글도
물 속 깊은 생각
치렁한 사념의 물빛에서 건져올리면
햇빛에 닿아 푸석푸석
마른 돌꽃이 피고.

도道를 말로 하면 늘 그러한 도가 아니라고 했던 노자의 말처럼, 물속에 노닐고 있는 물고기를 잡기에 언어라는 통발은 거칠기 짝이 없다. 물속에서 건져 올린 돌이 이내 신비한 빛을 잃듯이, 일렁이는 생각의 물결에서 말을 건져 올리는 순간 그것은 곧 시들어버리지 않던가. 그래서 어떤 날은 싱싱한 생각 한 자락 입에 물고 끝내 내놓고 싶지 않을 때도 있다.

들리는 소리

원재길

1
바로 아래층에서
전기 재봉틀 건물 들어 올리며
옷 짓는 소리
목공소 전기톱
통나무 써는 소리
카센터 자동으로
볼트 박는 소리

굉음에 하늘 돌아보니
불빛 번득이며
먹구름 밑 낮게 나는 헬리콥터
어서 지나가면 좋겠는데
아까부터 시동 걸려
골목에 버티고 선 트럭

2
너는 모든 침묵을
소음의 자식으로 여겨라
모든 소음은
침묵의 아비로다
사람의 모든 色이
어디에서 오는지 알려 애써라

너는 사람이며
색은 소리이다
너 자신도 색임을 이해하여
소리인 사람과 섞여 살아라
그 소리에 옷 얻어 입고
가구 받아 들이고

바쁜 날 천리마 얻어 타고
두 눈은 멀리 가는 빛 얻어 번쩍일 때
너는 언제까지나
너답게 살아라
사람이 내는 모든 소리를
사람으로 대접하라

바슐라르는 책을 읽다가 옆집에서 못 박는 소리가 들리면 "저건 아카시아나무를 쪼는 내 딱따구리"라며 중얼거렸다고 한다. 사실 소음과 침묵의 차이는 마음이 만들어낸 것이다. 모든 옷과 가구가 저 소음으로부터 왔다는 걸 생각하면 우리 또한 소음의 자식임을 받아들일 수 있지 않을까. "사람이 내는 모든 소리를 사람으로 대접하라"는 시인의 말처럼.

어머니의 그륵

정일근

어머니는 그륵이라 쓰고 읽으신다
그륵이 아니라 그릇이 바른 말이지만
어머니에게 그릇은 그륵이다
물을 담아 오신 어머니의 그륵을 앞에 두고
그륵, 그륵 중얼거려 보면
그륵에 담긴 물이 편안한 수평을 찾고
어머니의 그륵에 담겨졌던 모든 것들이
사람의 체온처럼 따뜻했다는 것을 깨닫는다
나는 학교에서 그릇이라 배웠지만
어머니는 인생을 통해 그륵이라 배웠다
그래서 내가 담는 한 그릇의 물과
어머니가 담는 한 그륵의 물은 다르다
말 하나가 살아남아 빛나기 위해서는
말과 하나가 되는 사랑이 있어야 하는데
어머니는 어머니의 삶을 통해 말을 만드셨고
나는 사전을 통해 쉽게 말을 찾았다
무릇 시인이라면 하찮은 것들의 이름이라도
뜨겁게 살아 있도록 불러주어야 하는데
두툼한 개정판 국어사전을 자랑처럼 옆에 두고
서정시를 쓰는 내가 부끄러워진다

지구상에 실제로 말해지고 있는 3천여 개의 언어 가운데 문학을 가진 언어는 78개에 불과하다고 한다. 그러나 굳이 기록할 필요 없이 생생하게 살아 있는 입말을 근대적 문어체가 대신할 수 있을까. 문학 이전의 언어, 학교나 사전을 통해 언어를 배우는 동안 잃어버린 또 하나의 언어를 시는 되찾고자 한다. '한 그릇의 물'보다는 '한 그륵의 물'이 지닌 삶의 체온을.

끈

김광규

낡은 혁대가 끊어졌다
파충류 무늬가 박힌 가죽 허리띠
아버지의 유품을 오랫동안
몸에 지니고 다녔던 셈이다
스무 해 남짓 나의 허리를 버텨준 끈
행여 바람에 날려가지 않도록
물에 빠지거나
땅으로 스며들지 않도록
그리고 고속도로에서 중앙선을 침범하지 않도록
붙들어주던 끈이 사라진 것이다
이제 나의 허리띠를 남겨야 할
차례가 가까이 왔는가
앙증스럽게 작은 손이 옹알거리면서
끈 자락을 만지작거린다

한 개의 끈을 붙들고 나온 이래로 우리는 삶을 잡아매는 수많은 끈에 매달려 살다 간다. 오래된 혁대처럼 그 끈이 느슨해지고 마침내 끊어질 때까지. 이렇게 크고 작은 끈들이 쳐놓은 울타리를 한 걸음도 벗어나지 못하지만, 끈은 또한 우리가 우연한 존재가 아니라는 사실을 믿게 해준다. 끈질기게, 끈끈하게 이어져 온 끈. 그것을 만지작거리는 아기의 난만한 눈동자를 보라. 나는 당신으로부터 왔다고 말하고 있지 않은가.

태백산행

정희성

눈이 내린다 기차 타고
태백에 가야겠다
배낭 둘러메고 나서는데
등뒤에서 아내가 구시렁댄다
지가 열일곱살이야 열아홉살이야

구시렁구시렁 눈이 내리는
산등성 숨차게 올라가는데
칠십고개 넘어선 노인네들이
여보 젊은이 함께 가지
앞지르는 나를 불러세워
올해 몇이냐고
쉰일곱이라고
그중 한 사람이 말하기를
조오흘 때다

살아 천년 죽어 천년 한다는
태백산 주목이 평생을 그 모양으로
허옇게 눈을 뒤집어쓰고 서서
좋을 때다 좋을 때다
말을 받는다

당골집 귀때기 새파란 그 계집만
괜스레 나를 보고
늙었다 한다

눈이 내리는 아침 어디론가 떠나고 싶어 엉덩이가 들썩거려지는 건 이팔청춘만이 아니다. 그때 배낭 하나 둘러매고 집을 나설 수 있다면, 당신은 아직 청춘인 것이다. 어른들 말씀대로 "조오흘 때"다. 한강의 발원지라는 태백산의 물줄기, 또는 살아 천 년 죽어 천 년이라는 주목 곁에서 눈을 맞고 한나절 서 있으면 몇 년은 더 젊어지지 않을까.

빗자루의 등신 그림자
– 달마는 왜 동쪽으로 왔는가

최동호

새벽 마당에 솟아오르던 치마폭 물안개
음전히 가라앉힌 바닥에

얼빠진 등신처럼 기대 선 빗자루°
하 많은 세상살이 빗방울 대이파리로 쓸었는지

터럭 끝 바람에도 넘어질 듯
배부른 기둥에 그림자 끌고 비뚜름하다

°**윤고암 스님의 빗자루 법문** 사찰 분규에 휩싸인 신흥사에 부임한 스님은 아무 말씀 없이 법당 앞 마당을 빗자루로 쓸어 모든 분란을 잠재웠다고 한다.

절집 구석에 세워진 빗자루 하나. 그 닳고 닳은 싸릿가지들은 천수관음千手觀音을 닮았다. 새벽녘 누군가 정갈하게 쓸어놓은 마당을 보면 쉽게 발을 들여놓을 수가 없다. 천 개의 손끝이 티끌 가득한 내 마음에도 다녀간 것 같다. 어떤 힘이나 말이 아니라 한 자루 비를 가지고 사람을 감복시킨 이가 있었다니. 그는 마당을 쓸면서 자신의 마음을 쓸고 또 쓸었을 것이다.

몸詩 · 52
- 새가 되는 길

정진규

이른 새벽마다
나의 뜨락엔
한 마리씩의 새들이
어김없이 날아와 앉는다
그 가운데서 내가 알 수 있는
새의 이름은
참새와 까치밖에 없지만
하얀 꽁지를 단 아주 아름다운
새도 있다
나는 십 년이 넘게
도봉산 화계사 절 밑 마을에 살고 있다
새들과 말하고 싶지만
나는 십 년이 넘게
한 마디도 나누지 못했다
성자 거지 프란치스코가
새들과 이야기할 수 있었던 것은
그가 살아 죽어서, 죽어서 살아!
새가 될 수 있었기 때문이다
한몸이 되었기 때문이다
나도 그럴 수 있을까
살아 죽어서, 죽어서 살아!

뜨락의 작은 나무 하나도 나뭇가지도
한 마리 새를 평안히 앉힐 수 있는
몸으로,
열심히 몸으로!
움직이고 있다

내 속에 새 한 마리 앉을 자리가 없다. 그러니 프란체스코처럼 새들과 대화를 나눌 수 있는 건 어림없는 일. 새들이 날아와 앉은 것은 프란체스코를 감싸고 있는 침묵의 모서리였을 것이다. 제 몸을 비우면 만물은 자연히 흘러드는 법, 시인은 그 묘(妙)를 "살아 죽어서, 죽어서 살아!"로 표현하고 있다. 하늘과 땅이 길고 오랜 것은 자기를 살리지 않기 때문이라고 한 노자의 말도 그 이웃에 있다.

누리장나무 잎사귀에는 낯선 길이 있다

송수권

봄날, 누리장나무 잎사귀에 오면
낯선 길이 하나 있다
누리장나무 잎사귀에 붙어 사는 민달팽이 한 마리
누리장나무 잎사귀 뒤에 제 몸 숨길 줄 알고
잎사귀 위에 올라와 젖은 몸 말릴 줄 안다
붉은 말똥가리 새끼 저 하늘에 떠도는 동안
꽃피는 그 소리 움찔 놀라고
두 뿔에 감기는 구름

돌들로 감옥을 쌓고
말씀으로 예루살렘이 불타는
정든 유곽의 길을 지나
革命의 길을 지나

봄날,
누리장나무 잎사귀에 오면
내가 아직 한 번도 가보지 못한
낯선 길이 하나 있다.

민달팽이 한 마리를 따라 밭에서 한나절을 보낸 적이 있다. 이 잎사귀에서 저 잎사귀로 옮겨 앉는 데 민달팽이는 한 시간이 넘게 걸렸다. 상춧잎 하나를 붙들고 또 한 시간을 꾸물거렸다. 그런데 연하고 매끄러운 배를 밀며 지나간 자리마다 오솔길 같은 민달팽이의 길이 생겨났다. 제 몸에 전혀 다른 속도를 지녀보는 어려움과 즐거움이 그 낯선 길 위에 있었다.

몸의 신비, 혹은 사랑

최승호

벌어진 손의 상처를
몸이 스스로 꿰매고 있다.
의식이 환히 깨어 있든
잠들어 있든
헛것에 싸여 꿈꾸고 있든 아랑곳없이
보름이 넘도록 꿰매고 있다.
몸은 손을 사랑하는 모양이다.
몸은 손이 달려 있는 것이
부끄럽지 않은 모양이다.

구걸하던 손, 훔치던 손,
뾰족하게 손가락들이 자라면서
빼앗던 손, 그렇지만
빼앗기면 증오로 뭉쳐지던 주먹,
꼬부라지도록 손톱을
길게 기르며
음모와 놀던 손, 매음의 악수,
천년 묵어 썩은 괴상한 우상들 앞에
복을 빌던 손,
그 더러운 손이 달려 있는 것이
몸은 부끄럽지 않은 모양이다.

벌어진 손의 상처를
몸이 자연스럽게 꿰매고 있다.
금실도 금바늘도 안 보이지만
상처를 밤낮없이 튼튼하게 꿰매고 있는
이 몸의 신비,
혹은 사랑.

한 겸손한 의사는 말했다. 4천 가지가 넘는 질병 중에서 의사가 완전히 고칠 수 있는 병은 17가지에 불과하다고. 나머지는 몸이 스스로 고칠 수 있도록 도와줄 뿐이라고. 의사가 환자를 가리지 않듯, 몸도 제 환부를 가리지 않는다. "구걸하던 손, 훔치던 손, 더러운 손"이라 할지라도 몸은 자신의 상처를 보이지 않는 바늘로 꿰매어준다. 몸은 아픈 제 손을 부끄러워하지 않는다.

인디오의 감자

윤재철

텔레비전을 통해 본 안데스산맥
고산지대 인디오의 생활
스페인 정복자들에 쫓겨
깊은 산 꼭대기로 숨어든 잉카의 후예들
주식이라며 자루에서 꺼내 보이는
잘디잔 감자가 형형색색
종자가 십여 종이다

왜 그렇게 뒤섞여 있느냐고 물으니
이놈은 가뭄에 강하고
이놈은 추위에 강하고
이놈은 벌레에 강하고
그래서 아무리 큰 가뭄이 오고
때아니게 추위가 몰아닥쳐도
망치는 법은 없어
먹을 것은 그래도 건질 수 있다니

전제적인 이 문명의 질주가
스스로도 전멸을 입에 올리는 시대
우리가 다시 가야 할 집은 거기 인디오의
잘디잘은 것이 형형색색 제각각인
씨감자 속에 있었다

갈수록 '시장' '자본' '집중과 선택' 등의 단어를 자주 듣게 된다. 어떻게 살아남을 것인가는 인디오에게나 현대인에게나 두루 중요한 문제지만, 그 해법은 사뭇 다르다. 인디오가 여러 종자를 골고루 심어 자연이 허락한 대로 거둔다면, 오늘의 세계는 전멸과 독점 사이를 오간다. 인디오들의 작고 둥근 씨감자 속에 우리가 돌아가야 할 집이 있다는 시인의 말이 과연 소박한 낭만에 불과한 것일까.

식탁이 밥을 차린다

김승희

식탁이 밥을 차린다
밥이 나를 먹는다
칫솔이 나를 양치질한다
거울이 나를 잡는다 그 순간 나는 극장이 되고
세미나 룸이 되고
흡혈귀의 키스가 되고
극장에서 벌어질 수 있는 여러 가지 일들이
거울이 된다
캘빈 클라인이 나를 입고
니나리치가 나를 뿌린다
CNN이 나를 시청한다
타임즈가 나를 구독한다
신발이 나를 신는다
길이 나를 걸어간다
신용 카드가 나를 소비하고
신용 카드가 나를 분실 신고한다
시계가 나를 몰아간다 저속 기어로 혹은 고속 기어로
내 몸은 갈 데까지 가보자고 한다
비타민 외판원을 나는 거절한다
낮에는 진통제를 먹고
밤에는 수면제를 먹으면 된다
부두에 서 있고 싶다

다시 부두에……
시티 은행 지점장이 한강변에서 음독 자살을 하고
시력이 나쁜 나는 그 기사를 읽기 위해
신문지를 얼굴 가까이 댄다
신문지가 얼굴을 와락 잡아당겨
내 피부에서 떨어지지 않는다
하는 수 없이 나는 그 신문이 된다
몸에서 활자가 벗겨지지 않는다

'나'는 주어의 자리에서 쫓겨나 얼마나 많은 '목적어'와 본의 아닌 '보어'가 되어 살고 있는지. 아침마다 주어의 자리에 앉아 계신 욕망이 나를 먹고, 입고, 신고, 읽고, 부린다. 나는 거울 위에 나타났다 사라지는 수많은 욕망의 기호들을 소비함으로써 존재한다. 아니, 좀더 정확하게 말하면 이렇게 되리라. "나는 소비된다, 고로 나는 존재한다."

21세기 임명장

최영철

100년 동안 너의 복무를 허락한다
부디 잊지 말기 바란다
너에게 사령을 내리는
저 근엄한 어깨가 떨고 있지
흠흠 헛기침을 해대며
넥타이 졸라매는 그 손길 파리하지
우렁우렁 뭐라 달변을 늘어놓는
햇살들의 잔기침,
너무 치닫지 말기 바란다
너무 자신만만하지 말기 바란다
더 이상 길을 내고
다리를 올리지 말기 바란다
길의 끝 다리 뻗은 자리
수렁에 닿지 말기 바란다
이미 쌓은 모래성
아슬한 낭떠러지가 되었구나
너무 높이 남긴 탑
허물고 가야겠구나
너무 분명하게 써놓은 약속
지우고 가야겠구나
너무 가득 차오른 불길한 아침
등지고 가야겠구나

100년 후
여기에 기록할 아무 공적이 없기를
잠시 떠맡은 해 별 풀 달
그냥 그 자리 둥실 떠 있기를.

시인이 발급한 임명장에도 불구하고, 21세기는 점점 '불길한 아침'으로 치닫고 있다. 불과 몇 년 만에 이렇게 되리라는 예감이 우려에 찬 사령을 내리게 한 것일까. 이제 중요한 것은 새 길을 내는 게 아니다. 너무 빠르고, 너무 높고, 너무 분명한 길들을 조금씩 거두어들이고 지우면서 가야 한다. 그러지 않으면 100년 후 아무것도 남지 않게 될 거라고 시인은 경고한다.

눈물 머금은 神이 우리를 바라보신다

이진명

김노인은 64세, 중풍으로 누워 수년째 산소호흡기로 연명한다
아내 박씨는 62세, 방 하나 얻어 수년째 남편 병수발한다
문밖에 배달 우유가 쌓인 걸 이상히 여긴 이웃이 방문을 열어본다
아내 박씨는 밥숟가락을 입에 문 채 죽어 있고,
김노인은 눈물을 머금은 채 아내 쪽을 바라보고 있다
구급차가 와서 두 노인을 실어간다
음식물에 기도가 막혀 질식사하는 광경을 목격하면서도
거동 못해 아내를 구하지 못한,
김노인은 병원으로 실려가는 도중 숨을 거둔다

아침신문이 턱하니 식탁에 뱉어버리고 싶은
지독한 죽음의 참상을 차렸다
나는 꼼짝없이 앉아 꾸역꾸역 그걸 씹어야 했다
씹다가 군소리도 싫어
썩어문드러질 숟가락 던지고 대단스러울 내일의
천국 내일의 어느날인가로 알아서 끌려갔다
알아서 끌려가
병자의 무거운 몸을 이리저리 들어 추슬러놓고
늦은 밥술을 떴다 밥술을 뜨다 기도가 막히고
밥숟가락이 입에 물린 채 죽어가는데

그런 나를 눈물 머금고 바라만 보는 그 누가
거동 못하는 그 누가

아, 눈물 머금은 神이 나를, 우리를 바라보신다

도시에서는 죽음조차 대량생산된다. 그래서 그 수많은 죽음을 되새기거나 추모할 시간이 충분히 주어지지 않는다. 아침마다 배달되는 죽음을 보며 우리는 밥알을 씹고 물을 마신다. 릴케는 말테의 입을 빌려 이렇게 말했다. "이제 사람들은 그때그때 자기에게 닥쳐온 죽음을 맞는다. 사람들은 자신이 앓고 있는 병에 딸려 있는 죽음을 맞이한다." 크고 작은 질병 속에 세들어 살다가 옆방에 세들어 사는 죽음을 만나는 것이다. 그런 우리를, 신神은 지금도 눈물을 머금고 바라보신다.

문명

고운기

귀족들 마차가 거리를 메우자
파리와 런던의 시가지를 온통 말똥이 점령했었다지
마차에서 쏟아지는 말똥이 공해가 되어
가솔린 쓰는 자동차를 만들었다지
말똥보다 가득하고
말똥보다 무서운
배기가스 매연이 나타날 줄 몰랐었겠지
그리운 말똥

먼 훗날에도 시인은 여전하겠지
그리운 매연
이라고 쓰겠지.

옛 아시리아인들은 치통을 낫게 하기 위해 주문을 외웠다. 신에 의해 창조된 벌레가 파괴할 대상으로 인간의 치아를 요구했다고 믿었기 때문이다. 언제부턴가 사람들은 주문을 외우는 대신 의사를 길러낼 학교를 세우고, 벌레를 퇴치할 병원을 지었다. 또한 약품과 물자를 실어 나를 자동차와 배, 비행기가 발명되었다. 그리고 얼마 뒤에 대형 선박의 난파와 비행기의 참사가 발명되었다.

잃어버린 열쇠

장옥관

누가 잃어버린 것일까
풀밭에 버려진 녹슨 열쇠

누가 이 초록을 열어보려 했던 것일까
누가 이 봉쇄수도원을 두드렸을까

차가운 촛농으로 잠근 오래된 사원

수런수런 연둣빛 입술들이 피워 올리는 기도문
개미들이 땅과 하늘을 꿰매고 있다

아, 저기 호두껍질을 뒤집어쓴 사람이 걸어오고 있다
風病 든 그의 암호, 누구도 열 수 없다

녹슨 열쇠는 그것으로 열 수 있던 한 세계가 있었음을 말해준다. 자연이라는 신전의 기둥에서 흘러나오는 말을 받아 적던 상징주의자들처럼, 시인은 오늘도 닫힌 초록의 문 앞을 서성거린다. 바람이 불면 수런수런 무슨 소리가 들려오는 것 같기도 하지만, 개미들이 줄지어 가며 그 틀어진 봉합선을 꿰매버린다. 그러니 어찌하랴, 호두껍질처럼 굳어버린 말을 안고 절룩절룩 걸어갈 수밖에.

겨울 – 나무로부터 봄 – 나무에로

황지우

나무는 자기 몸으로
나무이다
자기 온몸으로 나무는 나무가 된다
자기 온몸으로 헐벗고 零下 十三度
零下 二十度 地上에
온몸을 뿌리박고 대가리 쳐들고
무방비의 裸木으로 서서
두 손 올리고 벌 받는 자세로 서서
아 벌 받은 몸으로, 벌 받는 목숨으로 起立하여, 그러나
이게 아닌데 이게 아닌데
온 魂으로 애타면서 속으로 몸속으로 불타면서
버티면서 거부하면서 零下에서
零上으로 零上 五度 零上 十三度 地上으로
밀고 간다, 막 밀고 올라간다
온몸이 으스러지도록
으스러지도록 부르터지면서
터지면서 자기의 뜨거운 혀로 싹을 내밀고
천천히, 서서히, 문득, 푸른 잎이 되고
푸르른 사월 하늘 들이받으면서
나무는 자기의 온몸으로 나무가 된다
아아, 마침내, 끝끝내
꽃피는 나무는 자기 몸으로

꽃피는 나무이다

싹이 돋아나는가 싶더니 어느새 푸른 잎이 되고 꽃이 피어난다. 그러나 우리는 초록이 너무 눈부시게 아름다워서 자주 잊어버린다. 겨울-나무가 봄-나무로 건너오기 위해 얼마나 오래 싸워야 했는가를. 부드럽기만 한 새싹이 실은 황소처럼 사납게 하늘을 들이받고 있다는 것을. 이게 아닌데, 이게 아닌데, 고개 저으며 온몸으로 타오르는 나무의 적극적 수동성. 해마다 이기고 돌아오는 저 나무들이 아니라면 세상은 무엇으로 새로워질 수 있을 것인가.

02

저녁의 시

지평선

김혜순

누가 쪼개놓았나
저 지평선
하늘과 땅 사이 갈라진 흔적
그 사이로 핏물이 번져 나오는 저녁

누가 쪼개놓았나
윗눈꺼풀과 아랫눈꺼풀 사이
바깥의 광활과 안의 광활로 내 몸이 갈라진 흔적
그 사이에서 눈물이 솟구치는 저녁

상처만이 상처와 서로 스밀 수 있는가
두 눈을 뜨자 닥쳐오는 저 노을
상처와 상처가 맞닿아
하염없이 붉은 물이 흐르고
당신이란 이름의 비상구도 깜깜하게 닫히네

누가 쪼개놓았나
흰낮과 검은밤
낮이면 그녀는 매가 되고
밤이 오면 그가 늑대가 되는
그 사이로 칼날처럼 스쳐 지나는
우리 만남의 저녁

낮이면 매로 변하는 이사보와 밤이면 늑대로 변하는 니바르. 영화 〈레이디 호크〉에서 그들이 스치듯 만날 수 있는 시간은 낮과 밤이 교차하는 일출과 일몰 무렵뿐이다. 그 짧은 만남을 위해 매와 늑대의 시간을 견뎌야 하는 두 사람의 사랑은 비극적이기에 더욱 강렬하다. 지평선은 하늘과 땅이 맞닿은 곳이자 둘로 쪼개진 틈이다. 하늘과 땅 사이, 윗눈꺼풀과 아랫눈꺼풀 사이, 바깥의 광활과 안의 광활 사이, 흰낮과 검은밤 사이로 번져 나오는 핏물이 내 상처에도 스며들기 시작한다.

우리들의 저녁식사

허수경

토끼를 불러놓고 저녁을 먹었네
아둔한 내가 마련한 찬을 토끼는 물끄러미 바라본다
오늘 요리는 토끼고기

토끼도 토끼를 먹고 나도 토끼를 먹는다
이건 토끼가 아니야, 토끼고기라니까!
토끼고기를 먹고 있는 토끼는 나와 수준이 똑같다

이 세계에 있는 어떤 식사가 그렇지 않을까요
풀을 불러놓고 풀을 먹고
추억을 불러놓고 추억을 같이 먹고
미움을 불러놓고 미움을 같이 먹었더랬지요

우리는 언제나 그랬지요
이 세계에 있는 공허한 모든 식사가 그랬지요

일찍이 허수경의 시에서 '먹고 먹이는' 행위는 마음의 허기를 달래기 위해 몸을 극진하게 공유하는 것이었다. 그런데 이제 시인은 서로 '먹고 먹히는' 세계의 폭력성을 말하고 있다. "토끼도 토끼를 먹고 나도 토끼를 먹"으며 "이건 토끼가 아니야, 토끼고기라니까!" 강변하는 식사는 얼마나 공허하고 그로테스크한가. 그런 저녁 우리는 불현듯 우리가 곱씹는 것이 실은 자기 자신이라는 것을 깨닫게 된다. 누군가에게 먹히기 위해 무언가를 꾸역꾸역 먹고 있는 우리는.

창틀의 도마뱀 꼬리

장철문

개미들이 도마뱀 꼬리를 먹고 있다
급한 김에
꼬리는 두고 갔는데
그것이 개미들의 식량이 되고 있는 줄
도마뱀은 알고 있을까
개미들은 알고 있을까,
그것이 벗겨진 신발이 아니라
누군가의 몸이었다는 것을.
도마뱀 꼬리에서
걸레 썩는 냄새가 난다
견딜 수 없는 빵 냄새를 향하여
개미들은 떼지어 몰려온다
햇볕 쨍한 창틀
무심코 창을 닫은 손길이
검푸르게 식어서 뜯겨나가는
몸뚱이 잃은 꼬리를 만들었다
아니, 빵을.

생각해보면, 우리가 손에 들고 있는 빵도 원래 누군가의 몸이지 않은가. 들판의 밀이나 벼를 베지 않고, 소나 돼지의 목을 치지 않고, 오늘의 한 끼니가 가능했을 것인가. 그러나 언젠가 우리도 땅에 묻혀 벌레들에게 썩어가는 몸을 바칠 수 있으니 그리 불공평한 일은 아니다. "견딜 수 없는 빵 냄새"를 향해 몰려드는 개미 떼. 죽음의 냄새를 향해 갈 때 삶은 가장 맹렬해지는 모양이다.

화살

고형렬

　세상은 조용한데 누가 쏘았는지 모를 화살 하나가 책상 위에 떨어져 있다.
　누가 나에게 화살을 쏜 것일까. 내가 무엇을 잘못한 것일까.
　화살은 단단하고 짧고 검고 작았다. 새 깃털 끝에 촉은 검은 쇠. 인간의 몸엔 얼마든지 박힐 것 같다.
　나는 화살을 들고 서서 어떤 알지 못할 슬픔에 잠긴다.

　심장에 박히는 닭똥만한 촉이 무서워진다. 숨이 막히고 심장이 아파왔다.
　— 혹 이것은 사람들이 대개, 장난삼아 하늘로 쏘는 화살이, 내 책상에 잘못 떨어진 것인지도 몰라!

주위를 둘러보면 상처 입힌 자는 없고 상처 받은 자들로 가득하다. 보드라운 새 깃털 끝에 검은 쇠로 된 촉이 박힌 화살 모양을 보라. 그래서 화살을 던지는 자와 맞는 자가 서로 다른 느낌을 갖게 되는 게 아닌지. 불현듯 내 책상 위에 떨어져 있는 화살 하나. 화살에 직접 맞지 않고도 "알지 못할 슬픔"에 잠기는 것은 그 어쩔 수 없는 엇갈림 때문인지 모른다.

화염 경배

이면우

보일러 새벽 가동중 화염투시구로 연소실을 본다
고맙다 저 불길, 참 오래 날 먹여 살렸다 밥, 돼지고기, 공납금이
다 저기서 나왔다 녹차의 쓸쓸함도 따라나왔다 내 가족의
웃음, 눈물이 저 불길 속에 함께 타올랐다.

불길 속에서 마술처럼 음식을 끄집어내는
여자를 경배하듯 나는 불길에게 일찍 붉은 마음을 들어 바쳤다
불길과 여자는 함께 뜨겁고 서늘하다 나는 나지막이
말을 건넨다 그래, 지금처럼 나와
가족을 지켜다오 때가 되면

육신을 들어 네게 바치겠다.

보일러 투시구 속의 불꽃을 자세히 들여다보면, 심지에서 가장 가까운 쪽은 붉고 가장 먼 쪽은 푸르다. 마치 우리의 삶에 눈물과 웃음, 뜨거움과 서늘함이 공존하듯이. 보일러공인 시인은 그 불길의 신비를 누구보다도 잘 알고 있으리라. 불을 향해 정직한 땀과 붉은 마음을 들어 바친 자만이 화염火焰 속에서 화엄華嚴을 볼 수 있는 법이니까.

쉬

문인수

그의 상가엘 다녀왔습니다.
환갑을 지난 그가 아흔이 넘은 그의 아버지를 안고 오줌을 뉜 이야기를 들었습니다.

生의 여러 요긴한 동작들이 노구를 떠났으므로, 하지만 정신은 아직 초롱 같았으므로 노인께서 참 난감해하실까 봐 "아버지, 쉬, 쉬이, 어이쿠, 어이쿠, 시원허시것다이" 농하듯 어리광 부리듯 그렇게 오줌을 뉘었다고 합니다.

온몸, 온몸으로 사무쳐 들어가듯 아, 몸 깊아드리듯 그렇게 그가 아버지를 안고 있을 때, 노인은 또 얼마나 더 작게, 더 가볍게 몸 움츠리려 애썼을까요.

툭, 툭, 끊기는 오줌발, 그러나 그 길고 긴 뜨신 끈, 아들은 자꾸 안타까이 따에 붙들어매려 했을 것이고, 아버지는 이제 힘겹게 마저 풀고 있었겠지요. 쉬―
쉬! 우주가 참 조용하였겠습니다.

우주적 풍경이란 먼 곳에 있는 게 아니다. 한 늙음이 다른 늙음을 끌어안고 쉬, 쉬, 하며 몸 갚아드리는 풍경. 두 사람의 안간힘 속에 하늘의 양 끝자락이 들려 있다. 마치 부모의 등에 업힌 아기가 제 몸의 절반을 스스로 감당하듯, 한 우주가 다른 우주에게 안겨 있다. 오줌, 그 길고 뜨신 끈을 따라 사랑의 강이 흐른다.

평상이 있는 국숫집

문태준

평상이 있는 국숫집에 갔다
붐비는 국숫집은 삼거리 슈퍼 같다
평상에 마주 앉은 사람들
세월 넘어온 친정 오빠를 서로 만난 것 같다
국수가 찬물에 헹궈져 건져 올려지는 동안
쯧쯧쯧쯧 쯧쯧쯧쯧,
손이 손을 잡는 말
눈이 눈을 쓸어주는 말
병실에서 온 사람도 있다
식당 일을 손 놓고 온 사람도 있다
사람들은 평상에만 마주 앉아도
마주 앉은 사람보다 먼저 더 서럽다
세상에 이런 짧은 말이 있어서
세상에 이런 깊은 말이 있어서
국수가 찬물에 헹궈져 건져 올려지는 동안
쯧쯧쯧쯧 쯧쯧쯧쯧,
큰 푸조나무 아래 우리는
모처럼 평상에 마주 앉아서

어떤 아이가 '툇마루'가 뭐냐고 묻는 말에 놀란 적이 있다. 아파트에서 자란 아이는 '평상'이라는 말도 모르지 않을까. 저물 무렵 툇마루에 고즈넉이 앉아 있을 때 불현듯 밀려드는 설움도, 여름날 오후 평상에 둘러앉아 국수를 먹는 평화로움도 그 아이는 모르리라. 이것은 단순히 말의 실종을 넘어 근원적인 정서나 공동체적인 공간의 상실을 의미한다. 손이 손을 잡는 말, 눈이 눈을 쓸어주는 말 ― 쯧쯧쯧쯧 ― 이 짧고도 깊은 측은지심의 감탄사가 들려오는 평상에서 오랜만에 국수 한 그릇 먹고 싶다. 마주 앉으면 누구나 피붙이가 되는 그 나무 그늘 아래서.

풍경의 깊이

김사인

바람 불고
키 낮은 풀들 파르르 떠는데
눈여겨보는 이 아무도 없다.

그 가녀린 것들의 생의 한순간,
의 외로운 떨림들로 해서
우주의 저녁 한때가 비로소 저물어간다.
그 떨림의 이쪽에서 저쪽 사이, 그 순간의 처음과 끝 사이에는 무한히 늙은 옛날의 고요가, 아니면 아직 오지 않은 어느 시간에 속할 어린 고요가
보일 듯 말 듯 옅게 묻어 있는 것이며,
그 나른한 고요의 봄볕 속에서 나는
백년이나 이백년쯤
아니라면 석달 열흘쯤이라도 곤히 잠들고 싶은 것이다.
그러면 석달이며 열흘이며 하는 이름만큼의 내 무한 곁으로 나비나 벌이나 별로 고울 것 없는 버러지들이 무심히 스쳐가기도 할 것인데,
그 적에 나는 꿈결엔 듯
그 작은 목숨들의 더듬이나 날개나 앳된 다리에 실려온 낯익은 냄새가
어느 생에선가 한결 깊어진 그대의 눈빛인 걸 알아보게 되리라 생각한다.

키 낮은 풀들이 떨리는 한 순간 속에 이토록 무한한 시간과 공간이 깃들어 있다니! 늙은 고요와 어린 고요가 서로 젖을 물리고 있는 저녁 한때. 그 적요로운 풍경 속으로 들어가 석달 열흘쯤 자고 나오면 어느 누추한 영혼인들 헹구어지지 않을까. 우리가 살면서 몇 번이고 다시 태어날 수 있는 길이 있다면, 그 고요 속에 담금질하는 것, 우연히 그 무한 곁을 스쳐가는 것.

그가 내 얼굴을 만지네

송재학

그가 내 얼굴을 만지네
홑치마 같은 풋잠에 기대었는데
치자향이 水路를 따라 왔네
그는 돌아올 수 있는 사람이 아니지만
무덤가 술패랭이 분홍색처럼
저녁의 입구를 휘파람으로 막아 주네
결코 눈뜨지 말라
지금 한 쪽마저 봉인되어 밝음과 어둠이 뒤섞이는 이 숲은
나비떼 가득 찬 옛날이 틀림없으니
나비 날개의 무늬 따라간다네
햇빛이 세운 기둥의 숫자만큼 미리 등불이 걸리네
눈뜨면 여느 나비와 다름없이
그는 소리 내지 않고도 운다네
그가 내 얼굴을 만질 때
나는 새 순과 닮아서 그에게 발돋움하네
때로 뽀루지처럼 때로 갯버들처럼

치자 향기, 술패랭이의 분홍색, 나비 날개의 무늬, 저녁의 하늘빛……. 이들이 내뿜는 감각의 힘만으로도 삶과 죽음은 만날 수 있다. 무덤가를 맴돌던 나비가 풋잠에 든 얼굴에 내려앉을 때, 그것이 돌아올 수 없는 이의 손길이라는 것을 어찌 부정할 수 있을까. 그가 내 얼굴을 만질 때 죽음은 삶 곁에 숨쉬고 있다. 시는 그 감각의 길을 따라 피어난 호접몽胡蝶夢이다.

벌써 사랑이

한영옥

벌써 사랑이 썩으며 걸어가네
벌써 걸음이 병들어 절룩거리네
그나마 더는 못 걷고 앙상한 수양버들 아래
수양버들 이파리 수북한 자리에 털썩 눕네
누운 키 커 보이더니 점점 줄어드네
병든 사랑은 아무도 돌볼 수가 없다네
돌볼수록 썩어가기 때문에
누구도 손대지 못하고 쳐다만 볼 뿐이네
졸아든 사랑, 거미줄 몇 가닥으로 남아 파들거리네
사랑이 몇 가닥 물질의, 물질적 팽창이었음을 보는
아아 늦은 저녁이여
머리를 탁탁 쳐서 남은 물질의
물질적 장난을 쏟아버리네
더 캄캄한 골목 가며 또 머리를 치네
마지막으로 물큰하게 쏟아지는
찬란한 가운데 토막, 사랑의 기억
더는 발길 받지 않는 막다른 골목까지 왔네.

신록의 시절은 잠깐. 무성한 잎사귀에서는 이내 풀비린내가 풍기기 시작한다. 무성하다는 것은 절정을 의미하지 않는다. 그것은 이미 순결한 사랑의 기울기가 꺾이기 시작했음을, 저무는 일만 기다리고 있음을 알리는 신호다. 사랑이 한낱 "물질적 장난"에 불과하다는 것을 받아들여야 하는 저녁, 막다른 골목을 걸어가는 슬픈 등을 오래 바라본다.

장대비

조용미

오래된 쇠못의 붉은 옷이 얼룩진다
시든 꽃대의 목덜미에 생채기를 내며
긴 손톱이 지나가는 자국
아픈 몸마다 팅팅 내리꽂히는
녹슨 쇠못들
떨어지는 소리

하얀 마당에 푹 푹 단내를 내며
쏟아지는 녹물들
붉은 빗금을 그으며 머리 위로 떨어지는
닭벼슬! 맨드라미! 백일홍! 해당화! 엉겅퀴! 큰바늘꽃붉은잎!
신음소리를 내며 막 벌어지는
상처의 입들,
눈동자를 붉게 물들이며
나쁜 피를 다 쏟아내는 저녁

시인은 빗소리를 녹슨 쇠못들 떨어지는 소리로 듣는다. 아픈 영혼에게는 빗방울도 내리꽂히는 것처럼 느껴지는 법. 흰색이나 분홍의 화사한 봄꽃과는 달리 녹물을 받아먹고 자라 시뻘건 빛을 토하는 여름 꽃들을 보라. 한바탕 빗물이 휩쓸고 간 마을마다 상처처럼 남아 있는 저 붉은 얼룩을 보라. 장대비 그친 뒤 철로변에 피어 있는 맨드라미 더욱 붉다.

문고리

조은

삼 년을 살아온 집의
문고리가 떨어졌다
하루에도 몇 번씩
열고 닫았던 문
헛헛해서 권태로워서
열고 닫았던 집의 문이
벽이 꽉 다물렸다
문을 벽으로 바꿔버린 작은 존재
벽 너머의 세상을 일깨우는 존재
문고리를 고정시켰던 못을 빼내고
삭은 쇠붙이를 들여다보니
구멍이 뻥 뚫린 해골처럼 처연하다
언젠가 나도 명이 다한 문고리처럼
이 세상으로부터 떨어져나갈 것이다
나라는 문고리를 잡고 열린 세상이
얼마쯤은 된다고 믿을 수만 있다면!
내가 살기 전에도
누군가가 수십 년을 살았고
문을 새로 바꾸고도 수십 년을
누군가가 살았을 이 집에서
삭아버린 문고리
삭고 있는 내 몸

문을 문이게 하는 것이 작은 문고리였다니! 문고리가 떨어져나간 뒤에야 속수무책 닫힌 문 앞에서 떠올려본다. 누군가의 부재不在를, 또한 그리 멀지 않은 나의 부재를. 죽음이란 세상이 더 이상 '나'라는 문고리를 통해 열리지 않게 되는 것이다. 마침내 고요한 벽으로 남는 것이다. 이런 생각에 그만 헛헛해져서 방문을 삐걱 열어본다. 아, 아직 살아 있구나.

성냥

김남조

성냥갑 속에서
너무 오래 불붙기를 기다리다
늙어버린 성냥개비들,
유황 바른 머리를
화약지에 확 그어
일순간의 맞불 한 번
그 환희로
화형도 겁 없이 환하게 환하게
몸 사루고 싶었음을

장마로 눅눅해진 방에 군불을 지피려는 참이었다. 오랜만에 성냥을 찾아 열어보니 성냥갑 속에 붉은 유황을 바른 머리들이 빼곡했다. 어서 나를 태우라고 아우성치는 것 같았다. 그러나 성냥도, 불쏘시개도, 장작도 모두 눅눅해서 쉽게 불이 붙지 않았다. 성냥개비가 터뜨린 짧은 환희는 몇 번이나 매운 연기만 일으키다 꺼져버렸다. 컴컴한 아궁이 속을 내 마음인 양 들여다보며 다시 성냥개비를 집어 들었다.

장미의 날

양애경

장미의 기분을 알 것 같다
촉촉하고 부드러운 가지 위에
솜털 같은 가시들을 세우고
기껏 장갑 위 손목을 긁거나
양말에 보푸라기를 일으키거나 하면서
난 내 자신쯤은 충분히 보호할 수 있어요
라고 도도하게 말하는
장미의 기분
오늘 나는 하루 종일 가시를 세우고 있었다
그리고 밤에는
가위에 잘려 무더기로 쓰러지는 장미꽃들과 함께
축축한 바닥에 넘어졌다

가시를 가진 식물은 대체로 다른 무기가 없다. 그래서 더욱 잔가시들을 잔뜩 세우고 있는지 모른다. 호랑가시나무는 잎이 여릴 때는 여러 갈래로 가시가 돋아 있지만, 잎이 크고 두터워지면 가운데 가시만 남고 잎 전체가 둥그스름해진다. 하지만 그 굵은 가시는 호랑이 등을 긁을 만하다고 하지 않는가. 잔챙이 같은 상처만 일으키는 장미의 날들이여, 가시를 품으려거든 호랑가시나무 잎을 보라.

밥이 쓰다

정끝별

파나마 A형 독감에 걸려 먹는 밥이 쓰다
변해 가는 애인을 생각하며 먹는 밥이 쓰고
늘어나는 빚 걱정을 하며 먹는 밥이 쓰다
밥이 쓰다
달아도 시원찮을 이 나이에 벌써
밥이 쓰다
　돈을 쓰고 머리를 쓰고 손을 쓰고 말을 쓰고 수를 쓰고 몸을 쓰고 힘을 쓰고 억지를 쓰고 색을 쓰고 글을 쓰고 안경을 쓰고 모자를 쓰고 약을 쓰고 관을 쓰고 쓰고 싶어 별루무 짓을 다 쓰고 쓰다
　쓰는 것에 지쳐 밥이 먼저 쓰다
　오랜 강사 생활을 접고 뉴질랜드로 날아가 버린 선배의 안부를 묻다 먹는 밥이 쓰고
　결혼도 잊고 죽어라 글만 쓰다 폐암으로 죽은 젊은 문학평론가를 생각하며 먹는 밥이 쓰다
　찌개 그릇에 고개를 떨구고 혼자 먹는 밥이 쓰다
　쓴 밥을 몸에 좋은 약이라 생각하며
　꼭 꼭 씹어 삼키는 밥이 쓰다
밥이 쓰다
　세상을 덜 쓰면서 살라고
　떼꿍한 눈이 머리를 쓰다듬는 저녁
　목메인 밥을 쓴다

어떤 점에서 동사 '쓰다'와 형용사 '쓰다'는 동의어다. 무언가를 쓰고 또 쓰는 일이란 고통의 연속이기 때문이다. '쓰다'로 대변되는 무수한 몸짓, 그러나 그 소모적인 행위들이 다 부질없다고 여겨지는 저녁이 이따금 찾아온다. 몸이 더는 못 가겠다고 드러눕는다. 그 몸을 달래어가며 넘기는 밥이, 그 목메인 밥을 쓰는 시가 쓰다.

진흙탕에 찍힌 바퀴 자국

이윤학

진흙탕에 덤프트럭 바퀴 자국 선명하다.
가라앉은 진흙탕 물을 헝클어뜨린 바퀴 자국 선명하다.
바퀴 자국 위에 바퀴 자국.
어디로든 가기 위해
남이 남긴 흔적을 지워야 한다.
다시 흔적을 남겨야 한다.
물컹한 진흙탕을 짓이기고 지나간
바퀴 자국, 진흙탕을 보는 사람 뇌리에
바퀴 자국이 새겨진다.
하늘도 구름도 산 그림자도
바퀴 자국을 갖는다.
진흙탕 물이 빠져 더욱
선명한 바퀴 자국.
끈적거리는 진흙탕 바퀴 자국.
어디론가 가고 있는 바퀴 자국.

포장된 길 위에는 바퀴 자국이 남지 않는다. 신발에도 타이어에도 별 흔적이 없다. 이따금 차에 치인 고양이의 피를 바퀴들이 나누어 갖지만 금세 희미해진다. 그러나 마음은 포장도로가 아니다. 마음이라는 물컹한 진흙탕에는 누군가 남기고 간 바퀴 자국들이 어지럽다. 어디론가 가기 위해 남길 수밖에 없었던 바퀴 자국, 그 질주의 흔적은 쉽게 지워지지 않는다.

담쟁이꽃

미종기

내가 그대를 죄 속에서 만나고
죄 속으로 이제 돌아가느니
아무리 말이 없어도 꽃은
깊은 고통 속에서 피어난다.

죄 없는 땅이 어느 천지에 있던가
죽은 목숨이 몸서리치며 털어버린
핏줄의 모든 값이 산불이 되어
내 몸이 어지럽고 따뜻하구나.

따뜻하구나, 보지도 못하는 그대의 눈.
누가 언제 나는 살고 싶다며
새 가지에 새순을 펼쳐내던가.
무진한 꽃 만들어 장식하던가.
또 몸풀 듯 꽃잎 다 날리고
헐벗은 몸으로 작은 열매를 키우던가.

누구에겐가 밀려가며 사는 것도
눈물겨운 우리의 내력이다.
나와 그대의 숨어 있는 뒷일도
꽃잎 타고 가는 저 생애의 내력이다.

어제 잘못 간 길을 지우려는 듯 담쟁이는 제 묵은 가지를 휘감고 뻗어간다. 마른 가지 위로 또 하나의 길을 내며 잎사귀를 드리우고, 잎사귀 아래 도둑질처럼 꽃을 피운다. 허공을 향해 흔들리는 촉수는 누군가를 간절히 부르는 듯 뻗어가지만, 휘감을 것은 제 몸밖에 없다는 듯 다시 돌아오는 담쟁이. 제 꽃잎을 타고서라도 뻗어가며, 밀려가며, 담을 넘는다.

가구

도종환

아내와 나는 가구처럼 자기 자리에
놓여 있다 장롱이 그러듯이
오래 묵은 습관들을 담은 채
각자 어두워질 때까지 앉아 일을 하곤 한다
어쩌다 내가 아내의 문을 열고 들어가면
아내의 몸에서는 삐이걱 하는 소리가 난다
나는 아내의 몸속에서 무언가를 찾다가
무엇을 찾으러 왔는지 잊어버리고
돌아나온다 그러면 아내는 다시
아래위가 꼭 맞는 서랍이 되어 닫힌다
아내가 내 몸의 여닫이문을
먼저 열어보는 일은 없다
나는 늘 머쓱해진 채 아내를 건너다보다
돌아앉는 일에 익숙해져 있다
본래 가구들끼리는 말을 많이 하지 않는다
그저 아내는 아내의 방에 놓여 있고
나는 내 자리에서 내 그림자와 함께
육중하게 어두워지고 있을 뿐이다

장롱을 들어내면 그 자리만 빛에 덜 바래고 때가 타지 않은 채 남아 있는 걸 볼 수 있다. 오래된 장롱처럼, 발에 맞는 신발처럼, 가족은 우리에게 주어진 무감한 축복이다. 그러나 서로에게 익숙해진다는 것은 90퍼센트의 편안함과 10퍼센트의 쓸쓸함을 동반한다. 10퍼센트의 쓸쓸함을 위해서라도 우리는 종종 오래된 가구처럼 삐걱거려야 한다. 안 열던 관계의 서랍도 뒤집어보아야 한다.

등

김선우

아이 업은 사람이
등 뒤에 두 손을 포개 잡듯이
등 뒤에 두 날개를 포개 얹고
죽은 새

머리와 꽁지는 벌써 돌아갔는지
검은 등만 오롯하다

왜 등만 가장 나중까지 남았을까,
묻지 못한다

안 보이는 부리를 오물거리며
흙 속의 누군가에게
무언가 먹이고 있는 듯한
그때마다 작은 등이 움찔거리는 듯한

죽은 새의 등에
업혀 있는 것 아직 많다

열이 끓는 아기를 업고 밤을 새운 적이 있는가. 등이 휠 것 같은 고통에도 끝내 두 손을 풀지 못하는 것은 어떤 본능 때문일까. 누군가의 등에 업혀 자란 기억이 다시 누군가를 업고 그 무게를 견디게 해준다. 이처럼 등을 통해 유전되는 사랑은 사람의 일만이 아니어서 모든 존재들이 서로를 업고 있다. 때로는 땅에 떨어진 새가 벌레들을 업어 키우기도 한다. 그도 두 날개를 풀지 못하고 있다.

율포의 기억

문정희

일찍이 어머니가 나를 바다에 데려간 것은
소금기 많은 푸른 물을 보여주기 위해서가 아니었다
바다가 뿌리 뽑혀 밀려 나간 후
꿈틀거리는 검은 뻘밭 때문이었다
뻘밭에 위험을 무릅쓰고 퍼덕거리는 것들
숨 쉬고 사는 것들의 힘을 보여주고 싶었던 거다
먹이를 건지기 위해서는
사람들은 왜 무릎을 꺾는 것일까
깊게 허리를 굽혀야만 할까
생명이 사는 곳은 왜 저토록 쓸쓸한 맨살일까
일찍이 어머니가 나를 바다에 데려간 것은
저 無爲한 해조음을 들려주기 위해서가 아니었다
물 위에 집을 짓는 새들과
각혈하듯 노을을 내뿜는 포구를 배경으로
성자처럼 뻘밭에 고개를 숙이고
먹이를 건지는
슬프고 경건한 손을 보여주기 위해서였다

동해의 시퍼런 파도가 원시적 생명력을 불러일으킨다면, 서해의 검은 뻘밭은 신산한 삶의 짠내를 물씬 풍긴다. 동해에서는 인간이 한 개 점으로 보이지만, 서해에서는 뻘흙을 뒤집어쓰고 깜박거리는 작은 생명도 유난히 크게 보인다. 그래서 신을 느끼려면 동해로 가고, 인생을 배우려면 서해로 가라 했던가. 소금기에 맨살을 부비며 종종거리는 뭇 목숨들 곁으로.

沈香

박라연

잠시 잊은 것이다
生에 대한 감동을 너무 헐값에 산 죄
너무 헐값에 팔아버린 죄,
황홀한 순간은 언제나 마약이라는 거

잠시 잊은 것이다
저 깊고 깊은 바다 속에도 가을이 있어
가을 조기의 달디단 맛이 유별나듯
오래 견딘다는 것은 얼마나 달디단 맛인가
불면의 향인가

잠시 잊을 뻔했다
白檀香이,
지상의 모든 이별이 그러하다는 것을
깊고 깊은 곳에 숨어 사는
沈香을,

수백 년 동안 물속에 묻혀 있던 침향沈香의 냄새를 미당은 이렇게 표현했다. "실파와 생강과 미나리와 새빨간 동백꽃, 거기에 바다 복지느러미 냄새를 합친 듯한 미묘한 향내"라고. 침향뿐 아니라 고요히 시간을 견디어온 사람이나 작품에는 특유의 향기가 있다. 헐값에 감동을 사고파는 요즘 세상에 이런 원형질의 향기를 기대하기는 어려워져가지만, 그래도 숨어서 익어가는 존재들이 있을 것이다.

기억은 끈끈이 주걱

한명희

기억은 단단하다 손발을
옹송거린 호두껍질처럼 쉽게
무르지 않는다 끊어 내려고
해도 이빨이 들어가지 않았다
기억은 싱싱하다 물을
뿌리면 되살아나는 배춧잎처럼 기억은
싱싱하다 뒤적여도 뒤적여도
숨이 죽지 않았다 기억은
튼튼하다 튼튼한 신발을 신고
뒤따라왔다 잠자리에서도
신발을 벗지 않았다 기억은
끈끈이 주걱 머리 속에 벌레가
바글거려도 끈끈한 주걱을
놓치지 않는 기억 그것은
끈끈이 주걱 끈끈이 주걱

지우려 할수록 더 선명하게 되살아나는, 끊어내려 할수록 더 완강하게 들러붙는 '기억'이라는 짐승. 그러나 기억보다 더 무서운 것은, 아무리 불러내려고 해도 스스로 모습을 드러내지 않는 '망각'이라는 짐승인지 모른다. 머리 깊숙히 처박지 않고는 견딜 수 없어서 폐기된 진실. 그 얼굴을 대면하기 위해서는 기억에 대한 기억부터 되물어야 하리라, 기억보다 더 끈끈한 주걱을 들고.

봄밤 1

김명인

'봄밤' 이라고 적자 씌어진 글자 밑으로
희미한 물줄기가 번져 올라왔다
찬 샘이 있었다 낡은 철조망을 걷어내고
몇 개의 나무 벤치를 내다놓는다 늙은 아카시아가
머리 위로 눈비처럼 꽃가루 흩뿌린다
그곳은 한때 맑은 저수지 자리였다
회색의 우중충한 건물 지하로 들어가자 입구가 닫히고
매립지 밑에서 꽉 찬 노래가 새어나온다
유수지의 꽃잎은 봄밤의 수문을 틀어막고
애인들은 밤새 말을 잊을 것이다
제 일몰 다 펴기에도
봄밤의 경계는 너무 짧다
캄캄한 뻘흙 속에서 그대가 잠시 쉬다 간다

봄밤,이라고 말하는 순간 가슴에 서늘하게 고이는 이 물기는 무엇일까. 아득한 저편에서 흘러나오는 봄밤의 이 냄새는 또한 무엇일까. 다 잊었다고 생각했는데, 매립지와도 같은 기억 밖으로 새어나오는 이 노래는 누구의 음성일까. 봄밤,이라는 말의 수로를 따라 그리운 나무 그늘로 잠시 돌아가 앉는다. 아카시아 마른 꽃잎이 소리 없이 떨어져 내리던 그 밤 그늘로.

늪
– 포산일기 6

이하석

생각의 수면도
위는 밝고 아래는 어둡다
밑바닥에는 우렁이 기어간 길들이 여러 갈래로 나 있다
어구를 챙기며 어부가 물속을 들여다보면
수면을 거대한 잎들로 덮고도 사려 깊게 내다보는
늪의 푸른 눈

제 안의 꽃을 내헤쳐 보이고 싶은 늪은
어부 앞에서 망설인다
가시연마저 온몸의 가시로 제 몸을 찢고
수줍음을 불빛처럼 켜낸다
제 안에 있는 힘이 끊임없이
밑바닥을 차고 올라와서 펴는 생의
說明이 왜 저러할까

가시연의 거대한 바퀴를 돌리며
어부 김씨는 잠깐 뱃길을 낸다
그 길 따라 그만이 아는 깊이까지
늪은 제 속을 툭툭 열어제켰다가
어부의 꿈이 걸어내려간 우렁이의 길까지
여전히 제 힘으로 꼭꼭, 다시 여민다

늪은 고여 있는 것 같지만 끊임없이 움직이고 있다. 진흙 위에 우렁이들이 남긴 곡선의 길과 녹처럼 번져가는 풀. 빗방울이라도 지나가면 그 길들이 후두둑 깨어난다. 깊이를 알 수 없는 바닥을 차고 가시연꽃이 올라올 때, 그것이 오래 보여주고 싶었던 늪의 내면이라는 것을 그대는 아는지. 온몸이 가시로 된, 제 잎을 찢으며 피어오른 한 생生의 이야기를 그대는 듣고 있는지.

무화과

이은봉

꽃 피우지 못해도 좋다

손가락만큼 파랗게 밀어 올리는
메추리알만큼 동글동글 밀어 올리는

혼신의 사랑……

사람들 몇몇, 입 속에서 녹아
약이 될 수 있다면

꽃 피우지 못해도 좋다

열매부터 맺는 저 중년의 生!
바람 불어 흔들리지도 못하는.

무화과는 꽃을 피우지 않은 채 열매를 맺는다고 알려져 있지만, 실은 제 열매 속에 남몰래 작은 꽃들을 피운다. 무화과를 쪼개면 그 숨은 방에서 맺은 씨앗들이 깨알처럼 박혀 있다. 눈에 보이지 않는다고 해서 꽃이 없는 것은 아니다. 무화과라는 이름처럼, 중년이라는 나이에서는 청춘에서 이월된 쓸쓸함 같은 게 느껴진다. 꽃시절을 지나왔으나 그때는 제가 피운 꽃을 미처 알아보지 못했으므로.

송곳눈

조정권

내가 아는 환쟁이 영감은
그림 한장 그려달라고 하자 보는 앞에서
제 눈을 송곳으로 찌른 모양이야
보기싫은 작자 영 보지 않겠다고
제 눈알을 파버린 셈이지
재미있는 것은 그 영감이 파버린 눈으로
세상을 보며 그림은 그려왔다는 점이야
두 눈을 뜨고 두루 세상을 보는 것보다
한 쪽 눈만을 송곳처럼 뜨고 보는 편이 훨씬 참을 만했다는 거지
송곳 같은 눈으로 그림을 그렸으니 무엇을 그렸겠나
그려놓고 나선 찢고
그려놓고 나선 찢고
그림이란 그가 물 위에 써놓고 간 흔적일 뿐이지
물 위에 이름 뿌리고 간 그 영감
어느 바위틈에다 송곳눈을 박아 놓았을지도 모르지

조선시대 화가 최북崔北은 스스로 눈을 찔러 '한국의 고흐'라고도 불린다. 당대의 관습과 권위에 맞서 예술적 자존을 지키기 위해 그는 수많은 기행奇行을 남기며 불우한 삶을 살았다. 그로 하여금 그림을 그리게 한 힘은 볼 수 있는 눈이 아니라 어둠에 삼켜진 눈이었던 모양이다. 송곳처럼 곤두선 눈이 다른 세상을 보았을 것이다.

조공례 할머니의 찢긴 윗입술

곽재구

진도 지산면 인지리 사는 조공례 할머니는
소리에 미쳐 젊은 날 남편 수발 서운케 했더니만
어느날은 영영 소리를 못하게 하겠노라
큰 돌멩이 두 개로 윗입술을 남편 손수 짓찧어 놓았는디
그날 흘린 피가 꼭 매화꽃잎처럼 송이송이 서럽고 고왔는디
정이월 어느날 눈 속에 핀 조선 매화 한 그루
할머니 곁으로 살살 걸어와 입술의 굳은 딱지를 떼어주며
조선 매화 향기처럼 아름다운 조선 소리 한번 해보시오 했다더라
장롱 속에 숨겨둔 두 개의 돌멩이를 찾아와
이 돌 속에 스민 조선의 핏방울을 꼭 터뜨리시오 했다더라.

나는 아직 임방울이나 이화중선의 맛을 제대로 알지 못한다. 마음을 쥐었다 놓았다 하며 애간장을 녹이는 그 소리를 이해하려면 몇 굽이는 더 살아야 하나 보다. 그러나 비애나 한恨이라고 표현하기에는 너무 뜨거운 "조선의 핏방울"은 이름 높은 명창들에게만 있는 게 아니다. 진도 사는 조공례 할머니의 저 찢긴 윗입술에서도 매화 향기 흘러나온다.

노을 시편

천양희

강 끝에 서서 서쪽으로 드는 노을을 봅니다
노을을 보는 건 참 오래된 일입니다
오래되어도 썩지 않는 것은 하늘입니다
하늘이 붉어질 때 두고 간 시들이
생각났습니다 피로 써라 그러면…… 생각은
새떼처럼 떠오르고 나는 아무것도
쓸 수 없어 마른 풀 몇개 분질렀습니다
피가 곧 정신이니…… 노을이 피로 쓴 시 같아
노을 두어 편 빌려 머리에서 가슴까지
길게 썼습니다 길다고 다 길이겠습니까
그때 하늘이 더 붉어졌습니다 피로 쓴 것만을
사랑하라…… 내 속으로 노을 뒤편이 드나들었습니다
쓰기 위해 써버린 많은 글자들 이름들
붉게 물듭니다 노을을 보는 건 참 오래된 일입니다

시인들은 단 한 편의 시, 어쩌면 영영 쓸 수 없는 절명絶命의 시를 위해 수많은 시로 연명延命해간다. 어떤 이는 뼛속까지 내려가 쓰라 하고, 어떤 이는 내면의 밀물과 썰물에 몸을 맡기라 한다. 여기에서는 피로 쓰라고, 피로 쓴 것만을 사랑하라고 말한다. 쓰기 위해서 쓰는 시가 아니라 노을처럼 온몸을 쪼개서 쓰는 시를.

당나귀

조창환

염소 대신
당나귀는 어떨까

황토 먼지 자욱한
저녁 길
뿌옇게 흐린 잔등에
한 무더기 봇짐 얹고
투벅투벅
걷는

당나귀

땀 젖고 지친

삶을 바람을 가르는 싱그러운 말갈기에 비유하고 싶지만, 어쩔 수 없이 그것이 땀에 젖은 한 마리 당나귀와 같다는 것을 고백하지 않을 수 없다. 연변 들판에서 당나귀나 노새를 만나면 나도 모르게 자꾸 돌아보곤 했다. 해질녘 여윈 등에 휘어질 듯 짐을 얹고 먼지 속으로 멀어져가는 그 모습이 왠지 안쓰러우면서도 정겨워서. 저 슬픈 초식동물처럼 투벅투벅, 한 생애가 가리라.

歲寒圖

이홍섭

당나귀 타고
달리는 차도를 지나
창 많은 文友 집들도 지나
소나무, 잣나무 네 그루 서 있는 집을 찾아가다

때는 여름인데
여기는 벌써 겨울이고
여름나무들은 방자히 푸르른데
이 집의 松柏은 흰 눈 속에 푸르다

집이 한 채밖에 없으니
주인은 귀양 온지 알겠고
창이 하나밖에 없으니
오래 외로웠음을 알겠다

돌아나오려 하나
당나귀는 자꾸만 뒷발로 버티고
흰 눈은 무량무량 왔던 길을 지운다

한 편의 시는 시인이 세상을 향해 낸 작은 창문과도 같다. 그런데 창문이 하나밖에 없는 이 외롭고 아름다운 집에는 차를 타고 못 간다. 당나귀 등에 올라타고 어슬렁어슬렁, 그게 시를 찾아가는 데는 제격이다. 세한도歲寒圖 속의 적막한 집을 한 채씩 품고 사는 시인들이여, 세상은 무성한 여름인데 그대의 소나무 잣나무 위에는 흰 눈이 얹혀 있구나.

떠도는 자의 노래

신경림

외진 별정우체국에 무엇인가를 놓고 온 것 같다
어느 삭막한 간이역에 누군가를 버리고 온 것 같다
그래서 나는 문득 일어나 기차를 타고 가서는
눈이 펑펑 쏟아지는 좁은 골목을 서성이고
쓰레기들이 지저분하게 널린 저잣거리도 기웃댄다
놓고 온 것을 찾겠다고

아니, 이미 이 세상에 오기 전 저 세상 끝에
무엇인가를 나는 놓고 왔는지도 모른다
쓸쓸한 나룻가에 누군가를 버리고 왔는지도 모른다
저 세상에 가서도 다시 이 세상에
버리고 간 것을 찾겠다고 헤매고 다닐는지도 모른다

길을 떠나는 것은 무엇보다도 잃어버린 나를 되찾기 위해서다. 불현듯 옆구리가 허전하게 느껴질 때, 그 존재의 허기를 채우려고 신발 끈을 매고, 차표를 끊고, 어두운 저잣거리를 무작정 기웃거린다. 언젠가의 내가 쓸쓸한 간이역이나 나룻가에 앉아 있을 것 같아서다. 그러나 거기서 마주치는 것은 낯선 얼굴뿐, 나에게로 가는 길은 너무 멀다.

고향

장대송

  그곳을 찾으면 어머니가 친정에 간 것 같다
  갯물과 민물이 만나는 곳에 나서 겨울 햇살에 검은 비늘을 털어내는 갈대가 아름다운 곳
  갈대들이 조금에 뜬 달 아래서 외가에 간 어머니가 끝내 돌아오지 않을 것이라 말하던 곳
  둑을 넘어 농로에 흘러든 물에 고구마를 씻는 아낙의 손, 만지고 싶다

고향은 어머니와 동의어에 가깝지만, 이 시에서처럼 오늘날 고향은 어머니가 부재한 곳이 되어간다. 그 메울 수 없는 공백을 여윈 달과 마른 갈대들이 서걱거리며 말해주던 곳. 그러나 고향을 어떻게 기억하든지 우리가 어디로 가고 있는가 물으면 결국 "고향으로"라고 대답할 수밖에 없다. 떠나왔으나 매 순간 돌아가고 있는 그곳, 눈물에 붉은 고구마를 씻어 건네는 그 손에게로.

불
― 놀이 36

홍윤숙

잔치는 끝났다
하객도 돌아간 지 이미 오래다
이제 남은 일은
열어젖힌 문들의 빗장을 꽂고
방방이 등불을 끄는 일이다
이럴 때 헷세는
돌아가 쉴 안식의 기쁨을 노래했지만
나는 불을 끈 저편의 어둠이 무섭다
어디든 마지막 등불 하나
켜두고 싶다
불을 꺼라 꺼야 한다
부질없이 긴 밤 떠돌지 말고
돌아와 조용히 잠들어라
타이르던 옛날 어머니 말씀
그때는 그렇게
날마다 산불같이 번져가던 불
끄지 못해 온 살 태우며 목 마르더니
오늘은 그 불꽃 그리워
잠을 잃는다

삶을 거두어들이는 일의 고즈넉한 평화 한편에는 외로움도 두려움도 한 줄기씩 일렁이기 마련이다. 하지만 어머니가 마지막 등불을 남겨둔 것은 스스로의 외로움 때문만은 아니다. 아직 돌아오지 않은 식구, 또는 길을 잃은 자식이 멀리서 그 불빛을 등대 삼아 돌아올 수 있도록 남겨둔 등불 하나. 스스로 지른 불에 삶을 거덜내고 돌아갈 수 있는 곳도 어머니의 제단뿐.

위대한 식사

이재무

산그늘 두꺼워지고 흙 묻은 연장들
허청에 함부로 널브러지고
마당가 매캐한 모깃불 피어오르는
다 늦은 저녁 멍석 위 둥근 밥상
식구들 말없는, 분주한 수저질
뜨거운 우렁된장 속으로 겁없이
뛰어드는 밤새 울음,
물김치 속으로 비계처럼 둥둥
별 몇 점 떠 있고 냉수 사발 속으로
아, 새까맣게 몰려오는 풀벌레 울음
베어문 풋고추의 독한,
까닭 모를 설움으로
능선처럼 불룩해진 배
트림 몇 번으로 꺼트리며 사립 나서면
태지봉 옆구리를 헉헉,
숨이 가쁜 듯 비틀대는
농주에 취한 달의 거친 숨소리
아, 그날의 위대했던 반찬들이여

마당을 잃어버리면서 모깃불 피워놓고 멍석 위에서 밥 먹던 시간도 잃어버렸다. 별과 달, 날벌레와 새들의 울음소리가 그 시절 가난한 밥상의 반찬들이었으니, 그야말로 우주적 식사를 하고 살았던 셈이다. 하늘이 두루 잘 비치는 이 둥근 밥상 앞에서 우리의 배도 능선처럼 불러오고는 했는데, 그 마주 앉았던 얼굴들 다 어디로 갔나.

이 소 받아라
— 박수근

김용택

 내 등짝에서는 늘 지린내가 가시지 않았습니다 업은 누이를 내리면 등에서는 김이 모락모락 피어났지요
 누이를 업고
 쭈그려 앉아 공기놀이나 땅따먹기를 하면
 누이는 맨발로 땅을 차며
 껑충거렸지요 일어나보면 땅에는 누이의 발가락 열 개 자국이 또렷하게 찍혀 있었습니다
 나는 누이 발바닥에 묻은 흙을 두 손으로 털어주고 찬 두 발을 꼭 쥐어주었습니다

 어머니는 동이 가득 남실거리는 물동이를 이고 서서 나를 불렀습니다
 용태가아, 애기 배 고프겄다
 용태가아, 밥 안 묵을래
 저 건너 강기슭에
 산그늘이 막 닿고 있었습니다
 강 건너 밭을 다 갈아엎은 아버지는 그때쯤
 쟁기 지고 큰 소를 앞세우고 강을 건너 돌아왔습니다
 이 소 받아라

 아버지는 땀에 젖은 소 고삐를 내게 건네주었습니다

박수근의 그림을 보고 있으면 가난하지만 따뜻했던 지난 시대의 풍경이 떠오른다. 그가 즐겨 쓰던 마티에르 기법은 물감을 여러 번 덧칠해서 화강암처럼 두터운 질감을 내는 것인데, 물감에 배인 물기와 냄새는 농부나 아낙들의 것이기도 했다. 지린내가 가실 날 없던 소년의 등, 물동이를 인 어머니의 머리, 아버지가 건네준 땀에 젖은 소 고삐의 질감이 이 시에서도 화강암처럼 만져진다.

감꽃

김준태

어릴 적엔 떨어지는 감꽃을 셌지
전쟁통엔 죽은 병사들의 머리를 세고
지금은 엄지에 침 발라 돈을 세지
그런데 먼 훗날엔 무엇을 셀까 몰라.

이제는 감꽃이 피어도 그 떫은 꽃을 아무도 먹지 않는다. 밤새 떨어진 감꽃을 주위다 목걸이를 만들지도 않는다. 감꽃 필 때 올콩 심고 감꽃 질 때 메주콩 심으라는 농부의 지혜도 옛것이 되어버렸다. 이라크에서는 소년들이 죽은 병사들의 머리를 세고 있을 것이고, 그 뉴스를 보며 누군가 천연덕스럽게 돈을 세고 있을 것이다. 사방에서 들려오는 총소리, 바퀴소리, 시계소리, 벨소리……. 이 봄날에 그 소리들 속에서 나는 무엇을 세고 있나.

마음의 오지

이문재

탱탱한 종소리 따라나가던
여린 종소리 되돌아와
종 아래 항아리로 들어간다
저 옅은 고임이 있어
다음날 종소리 눈뜨리라
종 밑에 묻힌 저 독도 큰 종
종소리 그래서 그윽할 터

그림자 길어져 지구 너머로 떨어지다가
일순 어둠이 된다
초승달 아래 나 혼자 남아
내 안을 들여다보는데
마음 밖으로 나간 마음들
돌아오지 않는다
내 안의 또다른 나였던 마음들
아침은 멀리 있고
나는 내가 그립다

우연히 젊은 승려가 종을 치는 모습을 보았다. 긴장이 되는지 종 줄을 잡고 있는 손에 힘이 잔뜩 들어가 있었다. 종소리가 맑지 않은 것은 미숙해서라기보다는 앞선 종소리가 돌아올 때까지 다음 종소리가 충분히 기다려주지 않아서인 듯했다. 종소리 사이의 침묵을, 또는 종 밑에 묻힌 빈 항아리의 어둠을 알았다면 그의 종소리는 한결 그윽했을 것이다.

내 그림자에게

정호승

이제 우리 헤어질 때가 되었다
어둠과 어둠 속으로만 떠돌던 나를
그래도 절뚝거리며 따라와주어서 고맙다
나 대신 차에 치여 다리를 다친 일과
나 대신 군홧발에 짓이겨진 일은
지금 생각해도 미안하다
가정법원의 딱딱한 나무의자에 앉아
너 혼자 울면서 재판 받게 한 일 또한 미안하지만
이제 등에 진 짐은 다 버리고
신발도 지갑마저도 다 던져버리고
가볍게 길을 떠나라
그동안 너는 밥값도 내지 않고 내 밥을 먹었으나
이제 와서 내가 밥값은 받아서 무엇하겠니
굳이 눈물 흘릴 필요는 없다
뒤돌아서서 손 흔들지 말고
가라
인간이 사는 곳보다
새들이 사는 곳으로 가서
어린 나뭇가지에서 어린 나뭇가지로 날아다니는
한마리 새의 그림자가 돼라

햇빛 속을 걷다가 돌연 자기 그림자를 보고 놀랄 때가 있다. 내가 아니면서 동시에 나의 일부인 영혼의 검은 형제. 그 익숙하면서도 낯선 얼굴을 길 위에서 물끄러미 바라보고 서 있을 때였다. 갑자기 내 그림자 속으로 나비 그림자가 팔랑, 날아들었다. 가난한 영혼 어디쯤 앉았다 다시 허공으로 날아간 나비 그림자. 나비 그림자 덕분에 내 몸에 길 하나가 뻥 뚫리는 것 같았다.

저쪽

강은교

허공에서 허공으로 달리며 그는 말했네
1천 광년이나 1억 광년 저 쪽에서 보면
이 부르튼 지구도 아름다운 별이라고.

아무도 감동하지 않았지만
나는 감동했네

― 뿌연 광대뼈와 흐린 눈의 우리도 뽀얀 살빛의 천사들처럼 저 쪽에서 보면 아름다운 빛 속에 잠겨 있을 것이네

― 이 모오든 시끄러움, 이 모오든 피튀김, 이 모오든 욕망의 찌꺼기들, 눈물 널름대는 싸움들, 검은 웅덩이들, 넘치는 오염들, …… 몰려다니는 쥐떼들에도 불구하고.

허공에서 허공으로 달리며
우리는 아름다운 별의
한 알의
빛
이라고.

별이 아름다운 것은 그 빛이 아주 멀리서, 아주 오래 전에 출발해 지금의 우리 눈에 이르렀기 때문이다. 별이 지척에 있었다면 우리는 그것이 한갓 돌멩이에 불과하다고 생각했을 테니까. 욕망의 시궁창처럼 들끓는 이 도시도 멀리서 보면 한 덩이의 빛처럼 아름다워 보일까. 그리워질까. 나와 너의 '거리'가 아름다움을 만드는 것처럼.

啐啄

김지하

저녁 몸속에
새파란 별이 뜬다
회음부에 뜬다
가슴 복판에 배꼽에
뇌 속에서도 뜬다

내가 타죽은
나무가 내 속에 자란다
나는 죽어서
나무 위에
조각달로 뜬다

사랑이여
탄생의 미묘한 때를
알려다오

껍질 깨고 나가리
박차고 나가
우주가 되리
부활하리.

병아리가 껍질을 쪼며 나오려 할 때 어미닭이 그 소리를 듣고 밖에서 쪼아주어야 한다. 이처럼 서로 맞잡지 않고서는 어떤 생명도 태어나지 못한다. 너무 늦으면 '방치'가 되고 너무 이르면 '조장'이 되니, 그 미묘한 때란 대체 언제인가. 사랑만이 그 탄생의 순간을 본능적으로 알아차린다. 어제의 내가 불탄 자리에 새 순 돋듯 저녁 몸속에 얼굴을 내미는 별과 달이여, 하늘 저편에서 마주 잡은 손이여.

수록 시 출처 아침의 노래

이선영 「세수」, 『평범에 바치다』 | 문학과지성사 | 1999.
이성복 「느낌」, 『그 여름의 끝』 | 문학과지성사 | 1990.
장석남 「石榴나무 곁을 지날 때는」, 『미소는, 어디로 가시려는가』 | 문학과지성사 | 2005.
이시영 「아침의 장관」, 『아르갈의 향기』 | 시와시학사 | 2005.
김기택 「어떻게 기억해냈을까」, 『소』 | 문학과지성사 | 2005.
고진하 「직박구리」, 『수탉』 | 민음사 | 2005.
정현종 「헤게모니」, 『세상의 나무들』 | 문학과지성사 | 1995.
황인숙 「폭풍 속으로 1」, 『자명한 산책』 | 문학과지성사 | 2003.
고재종 「뱀에게 스치다니!」, 『쪽빛 문장』 | 문학사상사 | 2004.
이경림 「후박나무 잎새 하나가」, 『시절 하나 온다, 잡아먹자』 | 창비 | 1997.
최하림 「내 시는 詩의 그림자뿐이네」, 『속이 보이는 심연으로』 | 문학과지성사 | 1991.
박형준 「저곳」, 『물속까지 잎사귀가 피어 있다』 | 창비 | 2002.
함민복 「서울역 그 식당」, 『모든 경계에는 꽃이 핀다』 | 창비 | 1996.
김경미 「식사법」, 『쉿, 나의 세컨드는』 | 문학동네 | 2006.
차창룡 「消化」, 『해가 지지 않는 쟁기질』 | 문학과지성사 | 1994.
성미정 「사랑은 야채 같은 것」, 『사랑은 야채 같은 것』 | 민음사 | 2003.
유홍준 「한 아름의 실감」, 『나는, 웃는다』 | 창비 | 2006.
이정록 「의자」, 『의자』 | 문학과지성사 | 2006.
안도현 「햇살의 분별력」, 『아무것도 아닌 것에 대하여』 | 현대문학북스 | 2001.
최정례 「3분 동안」, 『붉은 밭』 | 창비 | 2001.
김백겸 「자작나무」, 『현대시학』 2004년 3월호.
허형만 「영혼의 눈」, 『영혼의 눈』 | 문학사상사 | 2002.

채호기 「바다 2」, 『수련』 ┆ 문학과지성사 ┆ 2002.
황동규 「쨍한 사랑노래」, 『우연에 기댈 때도 있었다』 ┆ 문학과지성사 ┆ 2003.
강인한 「돌과 시」, 『황홀한 물살』 ┆ 창비 ┆ 1999.
원재길 「들리는 소리」, 『나는 걷는다 물먹은 대지 위를』 ┆ 민음사 ┆ 2004.
정일근 「어머니의 그릇」, 『마당으로 출근하는 시인』 ┆ 문학사상사 ┆ 2003.
김광규 「끈」, 『처음 만나던 때』 ┆ 문학과지성사 ┆ 2003.
정희성 「태백산행」, 『창작과비평』 2002년 여름호.
최동호 「빗자루의 등신 그림자」, 『공놀이하는 달마』 ┆ 민음사 ┆ 2002.
정진규 「몸詩·52」, 『몸詩』 ┆ 세계사 ┆ 1994.
송수권 「누리장나무 잎사귀에는 낯선 길이 있다」, 『파천무』 ┆ 문학과경계 ┆ 2001.
최승호 「몸의 신비, 혹은 사랑」, 『세속도시의 즐거움』 ┆ 세계사 ┆ 1990.
윤재철 「인디오의 감자」, 『세상에 새로 온 꽃』 ┆ 창비 ┆ 2004.
김승희 「식탁이 밥을 차린다」, 『빗자루를 타고 달리는 웃음』 ┆ 민음사 ┆ 2000.
최영철 「21세기 임명장」, 『일광욕하는 가구』 ┆ 문학과지성사 ┆ 2000.
이진명 「눈물 머금은 神이 우리를 바라보신다」, 『세워진 사람』 ┆ 창비 ┆ 2008.
고운기 「문명」, 『나는 이 거리의 문법을 모른다』 ┆ 창비 ┆ 2001.
장옥관 「잃어버린 열쇠」, 『하늘 우물』 ┆ 세계사 ┆ 2003.
황지우 「겨울 - 나무로부터 봄 - 나무에로」, 『겨울-나무로부터 봄-나무에로』 ┆ 민음사 ┆ 1985.

저녁의 시

김혜순 「지평선」, 『당신의 첫』 | 문학과지성사 | 2008.
허수경 「우리들의 저녁식사」, 『내 영혼은 오래 되었으나』 | 창비 | 2001.
장철문 「창틀의 도마뱀 꼬리」, 『산벚나무의 저녁』 | 창비 | 2003.
고형렬 「화살」, 『김포 운호가든집에서』 | 창비 | 2001.
이면우 「화염 경배」, 『아무도 울지 않는 밤은 없다』 | 창비 | 2001.
문인수 「쉬」, 『쉬!』 | 문학동네 | 2006.
문태준 「평상이 있는 국숫집」, 『가재미』 | 문학과지성사 | 2006.
김사인 「풍경의 깊이」, 『가만히 좋아하는』 | 창비 | 2006.
송재학 「그가 내 얼굴을 만지네」, 『그가 내 얼굴을 만지네』 | 민음사 | 1997.
한영옥 「벌써 사랑이」, 『비천한 빠름이여』 | 문학동네 | 2001.
조용미 「장대비」, 『일만 마리 물고기가 산을 날아오르다』 | 창비 | 2000.
조은 「문고리」, 『따뜻한 흙』 | 문학과지성사 | 2003.
김남조 「성냥」, 『영혼과 가슴』 | 새미 | 2004.
양애경 「장미의 날」, 『바닥이 나를 받아주네』 | 창비 | 1997.
정끝별 「밥이 쓰다」, 『삼천갑자 복사빛』 | 민음사 | 2005.
이윤학 「진흙탕에 찍힌 바퀴 자국」, 『꽃 막대기와 꽃뱀과 소녀와』 | 문학과지성사 | 2003.
마종기 「담쟁이꽃」, 『이슬의 눈』 | 문학과지성사 | 1997.
도종환 「가구」, 『해인으로 가는 길』 | 문학동네 | 2006.
김선우 「등」, 『내 몸속에 잠든 이 누구신가』 | 문학과지성사 | 2007.
문정희 「율포의 기억」, 『양귀비꽃 머리에 꽂고』 | 민음사 | 2004.
박라연 「沈香」, 『공중 속의 내 정원』 | 문학과지성사 | 2000.
한명희 「기억은 끈끈이 주걱」, 『두 번 쓸쓸한 전화』 | 천년의시작 | 2002.

김명인 「봄밤 1」, 『따뜻한 적막』 │ 문학과지성사 │ 2006.

이하석 「늪」, 『녹』 │ 세계사 │ 2001.

이은봉 「무화과」, 『내 몸에는 달이 살고 있다』 │ 창비 │ 2002.

조정권 「송곳눈」, 『하늘이불』 │ 나남 │ 1987.

곽재구 「조공례 할머니의 찢긴 윗입술」, 『참 맑은 물살』 │ 창비 │ 1995.

천양희 「노을 시편」, 『너무 많은 입』 │ 창비 │ 2005.

조창환 「당나귀」, 『수도원 가는 길』 │ 문학과지성사 │ 2004.

이홍섭 「歲寒圖」, 『숨결』 │ 현대문학북스 │ 2002.

신경림 「떠도는 자의 노래」, 『뿔』 │ 창비 │ 2002.

장대송 「고향」, 『섬들이 놀다』 │ 창비 │ 2003.

홍윤숙 「불」, 『홍윤숙시전집』 │ 시와시학사 │ 2005.

이재무 「위대한 식사」, 『위대한 식사』 │ 세계사 │ 2002.

김용택 「이 소 받아라」, 『나무』 │ 창비 │ 2002.

김준태 「감꽃」, 『참깨를 털면서』 │ 창비 │ 1977.

이문재 「마음의 오지」, 『마음의 오지』 │ 문학동네 │ 1999.

정호승 「내 그림자에게」, 『이 짧은 시간 동안』 │ 창비 │ 2004.

강은교 「저쪽」, 『벽 속의 편지』 │ 창비 │ 1992.

김지하 「啐啄」, 『중심의 괴로움』 │ 솔 │ 1994.